창업을 해보지 않은 사람들이 창업을 가르친다.
'약은 약사에게 진료는 의사에게'라는 말이 있다.
당신은 약사에게 진료 받으시겠습니까?

_ 일개 장사꾼 이영석

이영석 대표를 만난 것은 『식객』 만화 연재 초창기니까 13년이 되었지만
그를 처음 만났을 때의 기억은 아직도 생생하다.
최고의 식재료를 고객들에게 드린다는 신념으로
술, 담배, 커피, 설탕, 음료를 입에 대지 않고 새벽 3시부터
가락농수산시장을 휩쓸고 다니던 그는 미래가 보장된 투사 바로 그것이었다.
그런 그가 책을 냈다. 창업? 쉽지 않다.
하지만 그는 이 책에서 바른 창업수완을 가르쳐줄 것이다.

_ 만화가 허영만

〈총각네〉 이영석은 진정한 '프로 장사꾼'이다.
진정한 '꾼'은 기본에 충실하면서도 기발하다.
그를 만나면 깜짝 깜짝 놀라는 경우가 한두 번이 아니다.
진정한 장사꾼은 뱉은 말에 책임을 져야 한다는 기본 원칙을 기반으로
그의 직관에 기발한 발상이 더해져 만들어진 브랜드가 바로 〈총각네〉이다.
아무것도 가진 것 없던 그가 대한민국 대표 장사꾼임을 증명한 좋은 사례다.
장사를 가르치는 학교가 있었으면 좋겠다던 그가 브랜드를 만들면서 느꼈던
감춰진 비결들을 이 책에 고스란히 쏟아냈다.
나는 이 책이 또 누구의 인생을 송두리째 바꿔 놓을지 궁금해진다.
이 책은 그 자체가 '장사학교'다. 장사를 하고 싶은가? 그래서 성공하고 싶은가?
이 책을 읽고 또 읽어라. 그리고 실천하라! 그것이 비결이다.

_ 관점 디자이너 박용후

'뽀로로' 성공비결은 아이들의 눈높이에서 모든 것을 작업했기 때문이다.
내가 바라본 이영석 대표는 누가 뭐라고 해도 장사만큼은
반사적으로 고객의 눈높이에서 생각한다.
이 책은 고객의 눈높이에서 모든 것들을 정확하게 소개하고 있다.
모든 창업은 눈높이가 중요하다. 눈높이를 맞추고 싶다면 꼭 읽어야 할 책이다

_ '뽀로로' 제작사 〈오콘〉 김일호 대표

나는 전국 전통시장 1500군데를 돌면서 수만 명의 상인을 만났다.
그분들은 주말에도 쉬지 않고 밤잠 설치며 밤낮없이
365일 장사에만 죽자 살자 매달리는데 도대체 왜 안 되는 건지 모르겠다고 하셨다.
그분들이 이 책을 읽는다면 무릎을 치는 강한 깨달음을 얻을 수 있을 것이다.
장사에도 왕도가 있고 진리가 있다. 장사를 한다면 꼭 읽어야 할 필독서다.

_ 『좋아 보이는 것들의 비밀』 저자 이랑주

내가 경험해본 〈총각네〉 이영석 대표는 장사의 달인이다.
〈배달의 민족〉의 장사 수업을 통해서도 검증되었다.
350개 가맹점의 사연을 받아 단 10번의 교육으로
전체 80퍼센트가 상상도 못하는 최고의 매출을 올렸다.
창업을 시작하거나 하고 있는 모든 분들은 꼭 읽어야 할 필독서라 생각한다.

_ 〈배달의 민족〉 김봉진 대표

총각네
이영석의

장사
수업

이영석 지음 스토리베리 구성

제대로만 배운다면 누구나 장사에 성공할 수 있다

세상에는 장사의 비법을 알려주는 책들이 이미 많이 나와 있다. 어떻게 하면 좋은 입지를 선정할 수 있는지, 어떻게 하면 손님들의 눈을 끌 수 있는지, 어떻게 하면 보다 많은 매출을 올릴 수 있는지 각자의 방법으로 장사 노하우를 알려준다.

  그러나 나는 조금 다른 이야기를 하려고 한다. 장사의 즐거움과 재미에 대한 이야기다. 장사는 무조건 즐겨야 한다고 생각한다. 그리고 즐기는 장사를 하면 무조건 성공한다고 믿는다. 물론 장사는 취미가 아니다. 취미로 장사를 하려고 돈과 노력을 쏟아 붓는 사람은 없을 것이다. 나 역시 한 번도 장사를 여분의 취미로 생각해본 적이 없다. 장사는 내게 늘 진검승부였고 그 싸움에서 한 걸음도 물러서지 않았다. 그렇기에 더욱 즐겁게 하는 것이 중요하다.

　즐거운 장사를 표방하는 이유가 있다. 장사보다 장사를 하는 사람이 더 중요하기 때문이다. 당신이 장사를 하는 것이지 장사가 당신을 노예처럼 부리게 해서는 안 된다. 장사를 시작하면 회사를 다닐 때보다 더 많은 시간을 쏟아 부어야 하고, 더 많은 노력을 해야 하며, 더 많은 스트레스를 받을지 모른다. 그러니 왜 장사를 하려고 하는지 잘 생각해보길 바란다. 나는 무조건 장사를 하라고 부추기고 싶은 생각은 없다. 장사의 세상은 생각만큼 호락호락하지 않기 때문이다.

　그럼에도 불구하고 이 모든 것을 감내할 준비가 되어 있다면 장사는 당신에게 최고로 멋진 보상을 해줄 것이다. 경제적 수익은 물론 인간관계의 질이 달라지며 삶의 지혜까지 얻을 수 있다. 현재의 삶보다 훨씬 더 큰 행복을 만끽할 것이다.

　나는 거창한 사업을 하는 사람이 아니다. 굉장한 장사 철학을 갖고 있지도 않다. 일개 장사꾼일 뿐이다. 그러나 오로지 치열하게 장사를 해서 인생을 바꾸고 운명을 개척한 선배로서 한 가지는 확실하게 말할 수 있다. 제대로만 배운다면 누구나 장사를 잘할 수 있다는 것이다. 내가 말하는 방법은 어려운 것이 아니다. 기본적이고 쉬운 것이다. 그런데 이 기본적이고 쉬운 방법을 의외로 지키지 않고 장사하는 곳이 많다. 기본기를 튼튼하게 다지지 않으면 반짝 성공은 거둘지 몰라도 오래 지속하기는 힘들다.

 똑같은 프랜차이즈 가게를 해도 주인의 성격에 따라 미묘하게 다르고, 같은 업종이라도 어떤 곳은 손님이 줄을 서서 기다리는 반면 어떤 곳은 곧 문을 닫아야 할 처지다. 철저하게 준비를 하고 시작했는데도 도중에 장사를 그만 둔 사람을 여럿 보았다. 입지, 업종, 인테리어 등 모든 게 훌륭했다. 그런데 장사가 되지 않았다. 왜 그럴까?

 한마디로 좋은 기운이 느껴지지 않았기 때문이다. 식당이든 옷 가게든 카페든 사람들은 좋은 기분을 느끼기 위해 간다. 그런데 그 시간이 전혀 즐겁지 않았다면 두 번 세 번 와서 지갑을 열진 않을 것이다. 문만 열면 저절로 돌아가는 가게는 없다. 주인이 얼마나 공을 들이고 즐기고 있는지 한눈에 드러난다. 그리고 그런 가게에는 또 가고 싶어지는 법이다.

 이 책에 나오는 대로 따라 해서 제2의 이영석이 되라고 말하고 싶지는 않다. 당신에게는 당신에게 맞는 장사법이 있고, 당신만의 개성이 묻어나는 가게를 만들 것이라고 믿는다. 남들과 다르다는 것은 자연스럽고 당연한 일이다. 고객 입장에서도 갈 만한 가게가 많다는 뜻이니 두 손 들어 환영할 만하다. 당신만의 개성이 묻어나는 가게를 만들되, 기본을 충실히 지키고 즐겁게 장사를 하면 된다.

 25년 넘게 장사를 해오며 쌓은 내공을 흥미진진한 가상의 이야기에 녹여내 이 책에 모두 쏟아 부었다. 행복하고 즐거운 장사를 통해 자신이 원하는 것을 손에 넣길 바란다. 장사를 즐겨라. 장사가 당신에게 주는 선물을 받아들여라. 당신이 상상하지조차 못하던 멋진 인생을 즐기게 될 것이다.

창업 로드마스터 **이영석**

등장인물

홍상인 (남, 30세)

아버지가 30년 동안 운영해온 치킨집이 망할 위기에 처하자 나서서 일을 돕다가 직접 자기 가게를 차려 장사를 하기로 마음을 먹는다. 입지 선정, 업종 선택, 메뉴 선택 등 장사의 밑바닥부터 시작해 자신만의 가게 '레드 3.0'을 차근차근 운영해나간다. 권리금이 뭔지조차 몰랐던 장사 왕초보가 진정한 장사꾼으로 거듭나 프랜차이즈 사장님 소리를 듣게 될 줄이야! 장사 멘토 대빵의 도움으로 장사의 노하우를 아낌없이 배울 수 있었기에 실수를 줄일 수 있었다.

대빵 (남, 43세)

즐거운 가게의 대표. 만화 『식객』의 주인공인 성찬의 실존 모델이기도 하다. 트럭 행상으로 시작해 대치동에 자신의 가게를 연 후 전국 40여 개의 지점을 지닌 사업체로 성공시켰다. 파워풀하고 에너지 넘치지만 속정 깊고 따뜻한 마음을 지녔다. 사업가가 되기보다 프로 장사꾼으로 남길 바라는 진짜 장사꾼이다. 때로는 따뜻하게, 때로는 엄격하게 홍 대리를 대하면서 자신의 장사 노하우를 아낌없이 알려준다. 초보 장사꾼 홍 대리에게 좋은 역할 모델이 되어준다.

오수열(여, 30세)

홍 대리의 대학 친구. 수학과 출신으로 수학자 오일러를 무척이나 좋아한다. 그래서 홍대 앞에서 운영하고 있는 작은 술집 이름도 〈오일러〉. 광고회사를 다니다가 직장을 그만 둔후 자신만의 장사 철학으로 개성이 듬뿍 담긴 술집을 차렸다. 홍 대리의 고민을 들어주고 말동무가 되어주는 든든한 지원군이다. 장사를 하고 싶어 하는 홍 대리가 고민을 털어놓자 대빵을 소개해준다.

홍 대리 아버지(남, 60세)

30년 된 작은 동네 치킨집 '홍 치킨'을 운영하고 있다. 마케팅에 힘을 쏟기보다 정직한 맛으로 승부를 보겠다는 뚝심 있는 장사꾼이다. 한눈팔지 않고 누구보다 열심히 장사를 하지만 문을 닫을 위기에 처한다. 처음엔 아들 홍 대리가 회사를 그만두고 장사를 하는 것을 반대하지만 곧 누구보다 든든한 지원군이 되어준다.

이 과장(남, 40세)

홍 대리의 직장 상사. 인품이 부족한 데다 타인의 공을 인정하지 않으며 안하무인으로 행동한다. 무슨 일만 생기면 홍 대리를 붙잡고 침을 튀기며 남을 흉보거나 업무상 트집을 잡아 들어 볶아댄다. 홍 대리가 결정적으로 회사를 그만두고 싶게 만들 정도로 부하직원을 괴롭히는 전형적인 나쁜 상사다.

차례

서문: 제대로만 배운다면 누구나 장사에 성공할 수 있다 • 4
프롤로그: 내가 과연 장사를 할 수 있을까? • 15

장사 수업 제1강
기다리지 말고 전략으로 덤벼라
직접 뛰어들기 전에는 결코 알 수 없는 장사의 디테일

왜 우리 가게에만 손님이 없을까? • 27
길거리에 늘어선 수많은 가게, 평범해선 망한다! • 36

이영석의 장사 필살기
무슨 장사를 할까? 업종 선택이 운명을 좌우한다 • 47

장사를 재미로 하지 마라, 투자대비 순이익을 정확히 따져라 • 49
기본은 누구나 한다, 재미가 있어야 고객을 끌어당긴다 • 59

이영석의 장사 필살기
'이 정도면 되겠지' 어림짐작하는 순간 장사는 당신 손을 떠난다 • 71

허황된 꿈은 금물, 세심하게 관찰하고 치밀하게 분석하라 • 73

이영석의 장사 필살기
창업하기 전 반드시 명심해야 할 3가지 • 82

장사에도 공식이 있다고? • 84

장사 수업 제2강

열심히 말고 제대로 장사하라

자본금 마련부터 직원 관리까지 장사를 시작한다면 꼭 알아야 할 것들

장사, 무서운 숫자의 세계! 자본금부터 마련하라 • **95**

이영석의 장사 필살기
자본금을 전부 투자하지 마라 • **110**

어디서 장사해야 할까? 아무리 봐도 모르겠다! • **111**

이영석의 장사 필살기
잘 아는 장소에서 시작하라 • **122**

아끼고 보자! 발로 뛰는 매장 셀프 인테리어 • **124**

이영석의 장사 필살기
셀프 인테리어를 생각한다면 비용절감과 시간 중에서 선택하라 • **134**

'오픈발'에 속지 말자, 장사 전쟁은 이제부터다! • **135**

이영석의 장사 필살기
장사일지와 회계장부는 무조건 꼼꼼히 써라 • **144**

장사보다 힘든 직원 관리, 주인의식을 강요하지 마라 • **148**
주말반납, 밤잠 포기, 그런데도 왜 매출은 그대로인 거야? • **158**

이영석의 장사 필살기
2 대 2 대 2 법칙을 반드시 기억하라 • **166**

장사 수업 제3강
한 번 온 손님은 누구나 반하게 하라
남보다 더 좋아 보이고 무조건 달라 보이는 서비스 비법

말 한마디 인사 한 번을 우습게보지 마라! • **171**
청소에도 디테일이 생명이다 • **184**
발로 뛰어 원가절감! • **196**

> **이영석의 장사 필살기**
> 절세만 잘해도 돈 번다 • **211**

더 이상은 안 되겠다, 새로운 메뉴로 승부하자 • **213**

> **이영석의 장사 필살기**
> 잘 만든 메뉴 하나 열 가게 부럽지 않다 • **224**

서비스 하나에도 즐거움을 불어넣어라 • **227**
하루하루 반드시 성장하라! • **237**

장사 수업 제4강.

강한 가게로 거듭나는 시스템을 만들어라
직원도, 손님도, 나도 즐거운 가게 시스템 만들기

원칙과 기준이 있는 시스템을 만들어라 • **251**

`이영석의 장사 필살기`
별거 아닌 것처럼 보인다고? 세부 원칙이 밥 먹여준다 • **262**

원칙 하나 정했을 뿐인데, 우리 직원이 확 달라졌어요 • **265**
혼자 하는 장사가 아니다, 마음을 움직여라 • **279**
장사의 즐거운 리듬을 만들자 • **288**
우리 가게만의 문화를 만들어라 • **301**

`이영석의 장사 필살기`
우리 가게만의 독창적인 문화를 만들어라, 그리고 전파하라! • **310**

멀리 보되 디테일하게 실행하라 • **312**

에필로그: 창업 1년 만에 프랜차이즈 대표 되다! • **319**
사진출처 • **326**

 # 내가 과연 장사를 할 수 있을까?

"이 과장님 들어오면 아무 소리 하지 마."

"네? 또 떨어지셨어요?"

홍 대리는 사무실로 들어오자마자 팀원들 입단속부터 시켰다. 두 번째 승진 누락이었다. 이 과장이 진급에서 밀리는 이유는 실력이 부족해서라기보다 인성이 나쁘고 사람들과 관계를 맺는 능력이 떨어지는 탓이었다.

'오늘은 또 어떻게 침 세례를 견딜 수 있을까.'

마시던 커피를 내려놓았다. 입맛이 써서 넘어가질 않았다. 입 주변을 씰룩거리며 이 과장이 나타났다. 행여나 이 과장과 눈이 마주칠까, 다들 모니터만 뚫어지게 쳐다보고 있었다.

"홍 대리! 따라 나와!"

가슴이 철렁 내려앉았다. 이런 상황에 당첨이라니.
"네!"
이 과장과 함께 회사 카페로 내려갔다. 이 과장은 아이스 아메리카노를 주문하고 홍 대리를 바라보았다. 어쩔 수 없이 지갑을 꺼내며 같은 것으로 주문했다. 속 시원하게 욕이라도 한마디 해 주고 싶었다.
"물먹은 건 난데, 표정이 왜 그렇게 썩었나?"
"하하하. 아닙니다. 별 말씀을요. 이번엔 과장님이 꼭 되실 줄 알았는데……."
"내 실력이 어디가 부족하다고 또 승진 탈락이야? 박 과장 그 자식이 해놓은 게 뭐가 있어. 아무 실력도 없는 주제에. 틀림없이 뒷배가 있겠지. 실없이 웃기나 하는 미련곰탱이같이 생긴 녀석을. 너도 기분 더럽지? 내가 나가야 승진을 할 텐데. 안 그래?"
"아닙니다."
최대한 말은 짧게 했다. 길게 말하면 꼬투리가 잡힐 게 뻔했다. 이 과장이 말하기 시작한 다음부터 침이 튀기 시작해서 홍 대리는 슬쩍 커피 잔을 들고 의자 뒤에 기대어 앉았다. 그런데도 "안 그래?" 하는 순간에는 왕방울만 한 침이 튀어서 손에 묻었다. 자신도 모르게 이맛살이 찌푸려졌다.
'박 과장이 미련 곰탱이처럼 생긴 건 맞지만 너처럼 입에 걸레를 물진 않았다.'

드디어 이 과장의 입에서 육두문자가 나오기 시작하며 왕방울에 이어 물대포처럼 침이 뿜어 나오기 시작했다.

"나 더러워서 원. 바람 좀 쐬고 들어갈 거니까 알아서 일들 해. 나 없다고 농땡이 칠 생각 말고!"

이 과장은 볼 옆에 심술이 가득 찬 표정으로 홍 대리를 향해 눈을 부릅뜨고 자리를 떴다. 욕먹고 침 세례까지 받고 나니 일이고 뭐고 손에 잡힐 것 같지 않았다. 대학 동기 단체 채팅방에 술자리 공지를 올렸다.

일진 더러운 날. 숨 좀 쉬자.
시간 되는 사람 8시부터 시작할 테니 신촌으로.

약속시간이 되자 꽤 많은 친구들이 모였다.
"지금 우리 회사 분위기 장난 아냐."
"새삼스럽게 뭘. 회사 분위기는 늘, 한결같이, 꾸준히, 장난이 아니었지. 선배들이 어떻게 버텼는지 진짜 대단해."
"그깟 승진 물먹은 상사한테 욕 좀 먹었다고 죽상이냐? 우리 회사는 적자 때문에 부장급 중 성과 안 나온 사람들 싹 잘랐어."
"어휴, 그 와중에 낙하산 들어오는데 미치겠다. 개뿔 아무것도 모르는 게 와가지고 나대기는."
모두 회사에 대한 이야기를 한마디씩 하느라 시끄러웠다. 회사 얘기를 하자면 무박 삼 일로 꼬박 밤을 새도 모자랄 터였다. 회사가 좋다는 친구는 아무도 없었다. 모두 승진 때문에 스트레스였고, 언제 정리해고 대상이 될지 몰라 또 스트레스였다.

"참, 오늘 오수열 온다고 했지?"

"오랜만에 얼굴 보겠네. 우리 중 유일하게 사장님이잖아. 한동안 얼굴 안 보이더니 장사한다며? 상인이 너랑 친하지 않냐? 둘이 사귈 뻔하지 않았어?"

친구들은 자기들끼리 눈길을 주고받더니 키득거리며 웃었다.

"또 그 얘기냐? 오수열이야 홍대 앞에서 술집 잘하고 있지. 광고회사 다닐 땐 귀신 몰골이더니 장사 시작하곤 얼굴이 폈더라. 이젠 자리 잡은 것 같아. 거래처 사람들하고 몇 번 갔었는데 요즘엔 통 못 들렀네."

"하여튼 걘 우리랑 좀 다르긴 달랐어. 어떻게 지내는지 모르겠다. 오면 물어보지 뭐."

모두 호기심이 넘치는 표정이었다. 그때였다. 술집 문이 열렸다. 수열의 모습이 보였다.

"야, 오랜만이다!"

"오! 사장님 오셨네!"

누가 먼저랄 것도 없이 우르르 일어났다. 수열이 먼저 다가와 얼싸안고 인사를 나누었다. 반가운 마음을 저렇게 격하게 표현할 수 있는 건 수열이니까 가능한 일이었다. 술이 오가는 시간이 길어지고 밤은 깊어갔다. 홍 대리는 술잔을 들고 슬그머니 수열이 옆에 앉았다. 수열이 먼저 말을 걸었다.

"브라더, 잘 지내냐?"

"아휴, 죽겠다. 진짜."

홍 대리는 한숨을 내쉬었다. 잠시 회사 이야기를 했지만 이내 수열의 근황으로 넘어갔다.

"넌 괜찮아? 이젠 완전히 자리 잡았다며."

"광고회사 나온 이후로 늘 행복하지."

수열은 수학과 출신이었지만 졸업하자마자 국내에서 내로라하는 광고회사에 취직했다. 해도 해도 끝나지 않는 일이 그랜드 캐니언 지층처럼 쌓여 있다는 회사였다. 집주인에게 월세를 내라는 문자를 받고 한 달 동안 집에 한 번도 들어가지 못했다는 사실을 알고 나서 그 길로 제주행 비행기 표를 끊었다. 귀신 몰골을 하고 하염없이 올레길을 걸었다. 일을 하다가 죽을 거면 정말 하고 싶은 일을 실컷 하다가 죽자는 생각으로 회사로 돌아오자마자 사표를 던졌다.

장사를 시작한 후 가장 만족스러운 건 '내 삶의 주인'으로 사는 것이라고 했다. 자신이 정한 규칙에 따라 가게 문을 열고 닫았다. 광고 '주님'들이 마음대로 정한 시간에 끌려다니면서 일하다 보니 남들 때문에 억지로 견디는 시간에 소름이 끼쳤기 때문이라고 했다. 회사에 다닐 때보다 더 많은 시간을 일하지만 남이 시켜서가 아니었다.

"장사 안 힘들어?"

"물론 오락가락, 알쏭달쏭하지."

"그게 무슨 말이야?"

"알고 싶어? 아참, 넌 장사 안 해? 그쪽에 너 소질 있었잖아. 기억 나냐? 대학 때 PC방 가면 넌 게임하다 말고 나갔잖아. 중고 물건 거래한다고."

"하하하! 맞다. 그걸 기억하고 있냐? 돈은 필요한데 아르바이트 하긴 귀찮아서 인터넷 카페에 급매로 나온 물건을 싸게 사서 조금 더 붙여 팔곤 했지."

제법 수입이 짭짤한 일이었다. 수열이 말을 이었다.

"그땐 정말 놀랐다니까. 난 PC방 들어가면 외부 세계와 단절이잖아. 근데 넌 게임을 하는 동안에도 중고거래 카페에 들어가서 거래를 하면서 쉽게 돈을 벌더라."

"그거야 재미 삼아 한 건데 뭐."

"그때 했던 말들 생각 나?"

홍 대리는 어렴풋이 기억을 떠올렸다. 반은 장난삼아 반은 진지하게 장사에 대한 이야기를 나누곤 했었다. 심지어 수열에게 장사를 잘하는 법에 대해 열을 올리며 말해준 적도 있었다.

"장사 시작하고 나서 그때 네가 했던 이야기가 쏠쏠하게 도움이 됐어."

"뭐? 야! 다 개똥철학 같은 얘기였는데."

수열이 새로 잔을 채우면서 크게 웃었다.

"그렇지. 개똥도 그런 개똥이 없었지. 그래도 묘하게 넌 장사의 핵심을 꿰고 있더라고. 네 덕분에 가격 조절 노하우라든가, 진상 고객 가려내는 방법 같은 거 도움 많이 받았어."

수열과 홍 대리는 오랜만에 옛 추억을 나누며 시간 가는 줄 모르고 떠들었다. 용돈 면에서 보자면 대학 때가 홍 대리의 전성시대였다. 자신이 생각해도 신기할 정도였다. 물건을 보는 안목도 탁월했고 행운도 따랐다. 홍 대리가 선택해서 거래한 물건은 100전 100승이었다. 그때 일을 생각하자 저절로 웃음이 났다.

"진짜 재미있긴 했지."

"그러니까 말이야. 넌 대학 때 용돈은 그걸로 거의 해결했었잖아. 용돈이 아니라 거의 월급 수준 아니었냐? 그래서 너야말로 딱 장사할 줄 알았지."

"하고 싶기야 했지. 지금도 장사에 흥미는 있어. 그래도 월급 받는 게 안정적이잖아."

"지금 회사에서 하는 일이 뭐야?"

"영업."

홍 대리가 심드렁하게 대답했다.

"하하하. 그래도 마케팅 전공은 살린 거냐? 그런데 별로 재미없나 보네."

"열심히 팔면 뭐하냐. 회사 일이 그렇지 뭐."

홍 대리는 억지로 웃었다. 수열이 그런 홍 대리를 보며 물었다.

"너 진짜 장사할 생각 없어?"

"어허, 얘가 멀쩡하게 회사 다니는 사람 꼬시고 그러냐."

"오히려 나보다 네가 잘할 것 같아서 그런다."

"야, 나 오늘 회사 다니기 싫어서 애들 부른 놈이야. 자극하지 마."

"참, 아버지는 건강하셔? 여전히 가게 하시냐?"

"그렇지 뭐. 벌써 30년째니까."

홍 대리는 묻는 말에 대답을 하면서도 수열의 말을 곰곰이 생각하고 있었다.

'장사? 내가?'

중학교 시절부터 이렇게 저렇게 물건을 팔아서 용돈을 벌긴 했지만 그건 어디까지나 재미 삼아서였다. 물건을 사고팔 때 짜릿함을 느끼거나 생각보다 큰 이익이 남을 땐 취직이 안 될 경우 장사라도 하면 굶어죽진 않겠다는 생각을 진지하게 한 적도 있었다. 하지만 결정적으로 장사에 대한 생각을 접은 건 아버지의 반대 때문이었다. 평생 장사를 해온 아버지가 자식만큼은 '장사꾼'으로 만들고 싶지 않다며 강력하게 반대했던 것이다.

그렇지만 돌아보면 사고파는 일만큼 재미있는 일도 없었다.

지금도 가끔씩 중고매매를 하고 있었다. 장사로 절대 손해 본 적은 없었다. 그건 홍 대리의 자부심이도 했다.

"넌 장사 재미있냐?"

"내 거잖아. 내 가게에서 하고 싶은 대로 장사하는 거 진짜 살맛나거든. 그런데 브라더! 요즘 우리 가게에 뜸한 것 같다? 와서 매상 팍팍 올려줘야지!"

"하하하. 알았어. 조만간 한번 갈게. 그런데 너도 참 대단하다. 불안하진 않아?"

"하기 싫은 일 하면서 회사 다니는 것보다 만 배는 낫다. 난 내 장사하는 게 좋아."

'내 것'이라는 수열의 말에 홍 대리의 가슴이 순간 두근거렸다. 홍 대리는 내 것이라고 부를 만한 것이 인생에 있었던가 돌이켜봤다. 자꾸만 다른 생각이 드는 걸 보니 아무래도 술을 많이 마신 모양이었다.

장사 수업
제1강

기다리지 말고
전략으로 덤벼라

직접 뛰어들기 전에는
결코 알 수 없는 장사의 디테일

왜 우리 가게에만 손님이 없을까?

회사에서의 스트레스는 날이 갈수록 늘어만 갔다. 승진에서 밀려난 이 과장의 막말과 스트레스는 말로 표현할 수 없을 정도였다. 승진에 목숨을 걸어야 하는 현실에 더해 상사의 괴롭힘까지 이어지던 어느 날 아침, 홍 대리는 머리를 빗다가 너무 놀라서 펄쩍 뛰어올랐다. 머리카락이 한 줌이나 빠진 것이다.

'아, 진짜! 회사 계속 다녀야 해?'

회사 생활에 회의가 들기 시작했다. 대리를 단 지 2년 차, 회사에 뼈를 묻기 위해 지금보다 절실하게 업무에 뛰어들어야 할지, 이제라도 다른 길을 알아봐야 할지 고민이었다. 지금이야 꼬박꼬박 월급을 받는다 해도 언젠가는 조기 명퇴를 당할지도 모를 일이었다.

'내 것.'

수열의 말이 계속 귀에 맴돌았다. 홍 대리는 고개를 세차게 흔들었다.

"아이고, 아서라. 마음이 흔들릴 데가 따로 있지. 이런 불경기에 장사가 다 뭐냐. 홍상인! 정신 차려."

그러나 수열을 만난 이후 마음에 미세한 균열이 생기고 있었다. 솔직히 말하면 회사 일이 적성에 맞지는 않았다. 자신의 능력을 100퍼센트 발휘할 수도 없었고 성실하게 일한다고 승진이 보장되지도 않았다. 그렇다고 당장 그만둘 수도 없었다. 다음 달 카드 값을 생각하자 한숨이 나왔다.

'수열이한테 연락 한번 해볼까? 아냐, 해서 뭐해. 내가 당장 장사를 할 것도 아니고.'

고개를 저으면서도 휴대폰을 들었다 놓기를 여러 번이었다. 머리가 복잡했다. 퇴근길엔 일부러 전철을 타자마자 휴대전화로 게임을 시작했다.

'장사는 무슨. 따박따박 월급 받는 게 최고지. 잊자.'

✦ ✦ ✦

"다녀왔습니다."

"왔냐? 너 요새 얼굴이 별로 안 좋은데, 일이 그렇게 많으냐?"

"아니예요. 그런데 아버지 일찍 오셨네요."

"손님도 없고 한가해서 삼동이한테 맡기고 왔다. 한잔 할래?"

"좋지요."

아버지와 한두 잔 마시면서 이런저런 얘기를 나누다가 문득 궁금해졌다.

'아버지도 장사를 시작하시게 된 계기가 있을 텐데. 여쭤볼까.'

그러나 아버지는 장사 이야기 꺼내는 걸 싫어했다. 홍 대리는 예전에 장사한다고 했다가 등짝을 두들겨 맞았던 기억을 떠올리며 최대한 조심스럽게 이야기를 꺼냈다.

"아버지 가게가 몇 년 됐죠?"

"너 돌잔치 끝나고부터 했으니까 30년 됐네."

"중간에 쉬신 적도 없고 참 대단하세요."

홍 대리는 물개박수를 치며 아버지를 바라보았다. 아들의 칭찬에 아버지는 기분이 은근히 좋아졌는지 슬며시 입가에 미소가 번졌다.

"그런데 가게가 몇 년 됐는지는 왜 물어보는데?"

"그냥요. 요즘 다들 어렵다고 해서."

홍 대리는 아버지의 눈치를 보며 물었다.

"그런데 요즘 가게에 사람 필요하지 않으세요?"

"왜? 회사 그만두고 와서 닭 튀길래? 어림없다. 너 혹시……."
홍 대리와 아버지의 눈이 마주쳤다.
"회사에서 잘렸냐?"
"하하하. 저 같은 인재를 왜 잘라요. 회사 손해죠."
홍 대리는 손사래를 쳤다. 그러면서도 은근히 눙쳤다.
"요즘 자기계발에 관심이 많거든요. 자기계발에는 현장 경험이 중요하다고 하더라고요. 특히 장사를 해보면 진짜 배우는 게 많다고요. 마침 제 일도 영업이잖아요. 30년 동안 한 자리를 지킨 비법이 뭔지 궁금해서 여쭤봤어요. 아버지, 저를 인턴으로 고용한다고 생각하면 어때요?"
"그러든가. 내친 김에 이번 주말부터 나오너라. 일당은 최저시급이다."
아버지는 별일 아니라는 듯 대답했다. 방금 전까지 어림도 없다던 아버지의 입에서 나온 말이라고는 믿기지 않았다. 너무 쉽게 승낙하는 바람에 놀란 사람은 홍 대리였다.
"정말요? 진짜요?"
"아니, 하겠다던 녀석이 왜 이렇게 놀라? 그새 마음이 바뀌었냐?"
"아니요! 아닙니다! 할게요!"
"요즘엔 예전만큼 손님은 없다만, 네 말대로 뭔가 있었으니까 오랫동안 버티지 않았겠냐. 나도 어떤 비결인지 모르니 네가 일하면서 한번 찾아봐라."

홍 대리는 아버지 잔에 술을 다시 가득 채웠다. 두 사람은 건배를 하고 기분 좋게 웃었다. 그러나 아버지의 웃음엔 아들의 웃음과는 다른 의미가 담겨 있었다.

'요놈 봐라!'

아버지는 어렸을 때부터 홍 대리가 장사에 관심이 있다는 걸 알고 있었다. 중학생 때부터 이런저런 물건을 팔아서 제 용돈을 충당해온 놈이었다. 겨우 그 정도 경험으로 장사를 하겠다고 나서서 호되게 말리기도 했다. 하지만 요즘에도 간간히 중고매매를 하는 모양이었다.

'어깨 너머로 보는 것과 실제로 해보는 것이 얼마나 다른지 경험해봐야 아는 법.'

직장생활도 장사만큼이나 어려울 터였다. 그러나 같은 고생을 하더라도 속 끓이는 일 없이 매월 월급을 받는 것이 얼마나 '좋은 일'인가. 오히려 이번 기회에 죽도록 고생시켜서 장사에 대한 싹을 잘라버리겠노라 결심했다. 앞으로 장사의 '장' 자도 꺼내지 못하도록 할 셈이었다.

+ + +

기다리던 토요일이 다가왔다. 가게 문을 열자 노랑머리 삼동이가 보였다. 삼동이는 아버지 가게에서 배달하는 청년이었다. 자기 말로는 반경 10킬로미터를 장악하는 배달의 기수이자 외모, 서비스, 화법 삼박자를 고루 갖춘 대한민국 1퍼센트의 보기 드문 배달 청년이라고 주장하지만 홍 대리가 볼 땐 도무지 납득할 수 없는 녀석이었다.

"어서 오세요! 어? 형? 오랜만이네?"

휴대전화에 코를 박고 있던 삼동이가 반갑게 맞았다.

"잘 지냈냐?"

"저야 늘 잘 지내죠. 가게에 손님이 없어서 그렇지."

"손님이 왜 없어. 아버지는?"

"주방에 계세요."

홍 대리는 주방으로 갔다.

"저 왔어요."

"오냐."

"뭐부터 할까요?"

"메뉴부터 외우고 홀에서 손님 받고 주문 받아."

"넵!"

삼동이가 눈을 동그랗게 떴다.

"형. 설마……."

삼동이와 홍 대리의 눈이 마주쳤다.

"회사에서 잘렸어요?"

"어째 생각하는 게 다 똑같냐. 나 같은 인재를 왜 잘라."

"그런데 왜 여기에서 일할 것 같은 분위기지?"

"일할 거 맞다. 이제부터 주말엔 내가 올 거야."

"에이, 일손만 늘면 뭐해요. 손님이 없는데."

"어허, 이놈 보게. 내가 왔으니 가게 대박 날 거야. 너 이제 배달하느라 휴대전화 손에 쥘 짬도 없을 거다."

하지만 손님도 전화도 전혀 오지 않았다. 분위기가 이상했다. 동네 토박이인 아버지가 30년 동안 튀긴 닭만 해도 수십만 마리였다. 아버지는 닭을 튀긴 돈으로 작은 아파트를 샀고, 홍 대리를 대학에 보냈고, 취직할 때까지 백수의 기간을 견디게 했다. 3년 전 어머니가 돌아가시고 난 후부터 부쩍 기운이 떨어지긴 했지만 이곳은 환갑이 된 아버지에게 당신의 인생 그 자체였다.

장사가 불티나게 잘되는 날도 있었고 공치는 날도 있었다. 가까운 곳에 새로운 치킨집이 들어왔다가 빠져나가는 일도 숱하게 봐왔다. 그래도 아버지의 가게는 건재했다. 다른 동네로 이사 간 사람들도 맛을 잊지 못해 일부러 찾아오곤 했다. 하지만 오늘 보니 분위기가 예사롭지 않았다.

"토요일인데 가게 분위기 왜 이러냐?"

대답 대신 삼동이는 한숨을 푹 쉬었다.

"이렇게 된 지 꽤 됐어요. 지금 같으면 저도 그만둬야 할 것 같아요. 가게 월세 내면 남는 게 없어요. 게다가 더 안 좋은 건……."

삼동이는 잠깐 망설이더니 다시 말을 이었다.

"건너편에 치킨집이 또 들어온대요. 강남이랑 홍대에서 날렸던 치킨집인데 여기까지 범위를 넓히나 봐요. 서울이 얼마나 큰데 하필이면 여기 들어온다는 건지."

하지만 홍 대리는 여전히 이해가 되지 않았다.

"그런 일 한두 번 겪어? 뭔 걱정이야? 아버지 치킨 맛있잖아. 30년이면 치킨 장인이라고. 걔네랑 붙어도 안 진다는 건 네가 더 잘 알잖아."

"그렇긴 한데. 오픈발도 있고 가게도 화려해서 신경 쓰여요."

매사 지나치게 긍정적인 삼동이의 표정이 이렇게 어둡다면 심각한 건 분명했다.

"내가 대박 터뜨릴게. 형만 믿어라."

그때였다. 가게 전화벨이 울렸다.

"봤냐? 바로 전화 오잖아."

"네! 홍 치킨입니다. 네? 아닌데요."

잘못 걸려온 전화였다. 침묵이 이어졌다. 그냥 있기가 민망해서 홍 대리는 가게를 나왔다. 동네를 한 바퀴 돌아볼 요량으로 길 건너편으로 향했다. 인테리어 공사가 한창인 가게가 있었다. 삼동이가 말한 치킨집이었다. 안을 들여다보니 마음이 더 무거워졌다.

아버지 가게보다 5배는 넓어 보였다. 조명은 깨끗하고 테이블은 깔끔했다. 유명한 걸그룹과 개그맨이 모델이었다. 걸그룹 멤버 얼굴을 보자 자신도 모르게 얼굴에 미소가 떠올랐다. 그들이 닭다리를 쥐고 있는 모습의 포스터를 떼 가고 싶을 정도였다.

멍하니 포스터를 바라보다가 번뜩 정신을 차렸다. 찜닭, 불닭, 닭강정은 물론 수없이 많은 닭 요리들이 전국을 휩쓸 때에도 꿋꿋이 버텼던 아버지였다. 하지만 이번만은 느낌이 심상치 않았다. 이러다 30년 공든 탑이 한방에 훅 갈 수도 있었다. 말 그대로 진짜 위기였다.

길거리에 늘어선 수많은 가게, 평범해선 망한다!

"도대체 언제부터 이렇게 장사가 안 됐어요?"

"장사가 됐다 안 됐다 하는 거지. 이런 걸 너한테 말한다고 없던 손님이 갑자기 온다더냐?"

아버지는 무심하게 말했지만 홍 대리는 속이 상했다. 경기가 어렵다, 어렵다 해도 이 정도까지일 거라고는 생각하지 않았다. 아버지 가게에서 주말마다 인턴으로 일한 지 한 달째였지만 텅 빈 가게에 남자 셋이 우두커니 앉아 있는 시간이 대부분이었다.

전화주문 네 건, 홀 손님 두 테이블이 전부였던 일요일, 홍 대리는 문득 이상한 생각이 들었다. 동료들과 치맥 한잔하러 가던 치킨집은 자리가 없어 기다릴 정도로 손님이 많았다.

'뭐지? 장소의 문제인가? 아니지, 한 동네에서 30년씩이나 했는데.'
 새로운 뭔가가 필요했다. 한 달 만에 섣불리 판단할 일은 아니었지만 한 가지는 명확했다. 아버지 가게는 너무 고루했다. 아무리 단골이 있다고 해도 사람 입맛은 금방 변하기 마련이다. 근처에 새로 치킨집이 들어서면 금세 바뀔 수 있는 단골이었다.
 홍 치킨은 밖에서 봐도 들어가고 싶을 정도로 매력 넘치는 곳은 아니었다. 치킨이야 맛있었지만 맛 하나만으로 경쟁하기엔 부족했다. 그렇다고 다른 집 치킨이 지나치게 맛없는 것도 아닐 터였다. 자기 가게도 아닌데 이렇게 하자, 저렇게 하자 훈수를 둘 수도 없는 노릇이어서 더 답답했다.
 '그래도 장사가 계속 이렇게 안 되면 무슨 수를 쓰긴 써야겠는데.'
 가만히 앉아 있기도 심란해서 방 청소를 하다가 언제 샀는지 기억도 나지 않는 책 한 권을 꺼내 책장을 넘겼다. 책갈피 사이에 끼워져 있던 사진이 바닥으로 떨어졌다.
 '어라? 이게 도대체 언제야?'
 대학 1학년 때 동아리 엠티 사진인 듯했다. 사진 속 친구들은 술에 취해 벌겋게 달아오른 얼굴로 입을 헤벌리거나 짓궂은 장난을 치고 있었다. 영원할 줄만 알았던 20대의 패기가 고스란히 남아 있었다.
 '이놈은 이때나 지금이나 별로 변한 게 없네.'
 사진 속의 수열을 보며 싱긋 웃었다. 오수열. 수열의 아버지는 수학을 너무나 사랑한 나머지 외동딸 이름마저 수열이라고 지었다. 아버지를 닮아 수학을 사랑한 수열은 수학자 오일러를 무척이나 존경했고, 술 마시는 걸 좋아했고, 사람들과 어울리는 데는 타의 추종을 불허했다.

"수학 공식이 술집 콘셉트로 자리 잡을 줄은 생각도 못했지."

수열은 그런 자신의 개성을 마음껏 담아서 자유롭게 가게를 운영했다. 처음에는 오일러라는 가게 이름이 적응도 안 되고 어색했다. 그러나 가게에 한 번 가본 사람은 모두 그녀 가게만의 독특한 콘셉트에 놀라고 말았다.

수열은 수학자 오일러를 존경하고 좋아하는 마음을 가게 콘셉트로 적극 반영하여 활용했다. 술집 이름이 오일러인 데 그치지 않고, 중심 인테리어 자체가 오일러 공식과 수학 이미지였다. 앞치마에도, 메뉴판에도, 테이블에도 수학 이미지와 오일러 공식이 활용되었다.

수열을 만나서 자세하게 물어보고 싶었다. 아버지 가게를 다시 살릴 노하우를 얻어올지도 모를 일이었다. 통화버튼을 누른 후 한참 후에야 수열은 전화를 받았다.

"오, 마이 브라더. 어쩐 일이냐?"

"제군. 내가 누군지 아나?"

"휴대전화에 뜬다. 한글은 읽는다. 오버."

"하하. 가게는 잘되냐?"

자기 가게만의 콘셉트를
정확하게 구축하는 것이 좋아.

콘셉트에 따라 일관성을 갖춰
한눈에 명확한 개성이 드러나면 더욱 좋지.

"몸이 모자란다. 아, 모자라는 건 머리인가. 하하."

영락없는 덤 앤 더머였다. 남이 보면 맥락도 없고 재미도 없고 의미도 없어 보였지만 스무 살 때부터 놀던 습관은 서른이 된 지금도 남아 있었다.

"2호점 내라고 난리야."

갑자기 정신이 번쩍 들었다.

"비결이 뭐냐?"

"비결? 그걸 맨입에 전화로 들으려 하다니 무례하다. 전화 끊겠다. 오버."

"야야야. 잠깐만 있어봐. 조만간 갈게. 할 얘기도 있고."

"장가 가냐? 청첩장 주게?"

"청첩장 같은 소리 하네. 그럼 오죽 좋겠냐. 언제 시간 돼?"

"금요일 7시. 아주 어렵게 너한테 시간 내주는 거다, 인마."

"하하, 알았다. 그날 봐."

홍 대리가 자주 가던 때에도 오일러는 장사가 잘되는 가게였다. 홍 대리는 거래처 직원들과 친해지면 오일러에 가곤 했다. 그때마다 수열은 오일러 공식이야말로 세상에서 가장 아름다운 공식이라며 가게에 대한 자부심을 내비치곤 했다. 종종 오일러가 했다던 알 수 없는 말까지 했다.

"$(a+bn)/n=x$. 그러므로 신은 존재합니다. 이의 있습니까?"

홍 대리는 그런 수열을 보며 부쩍 장사에 호기심이 생겼다. 수열을 만날 생각에 청소에도 속도가 붙었다. 방은 한결 깨끗해졌고, 가벼운 마음으로 깊이 잠들었다.

✦ ✦ ✦

수열의 가게에 갈 생각에 콧노래를 흥얼거리며 엘리베이터 앞에 서 있는 홍 대리를 보며 후배 직원이 말을 걸었다.

"불금 어떻게 보내십니까?"

"나? 불금 보내는 사람들 구경하러 가."

의아한 표정을 짓는 후배의 어깨를 툭툭 치며 엘리베이터에 올랐다.

"그런 게 있어. 다음 주에 봐."

지하철에 오르자마자 휴대전화로 수열의 가게를 검색했다. 호평 일색이었다.

'유쾌한 오일러. 맛과 재미를 동시에 잡다.'

'홍대 유명 맛집 오일러. 괴짜 사장 언니, 별 다섯 개가 아깝지 않은 특제 안주.'

그동안 더 유명해진 모양이었다. 전철에서 내려서 익숙한 길을 따라 갔다. 수열은 반갑게 맞아주었다.

"무슨 바람이 불었어?"

홍 대리는 아버지 가게에 대해서 자초지종을 설명했다.

"아버님 힘드시겠다. 내가 뭘 도와드릴 수 있을까?"

"나한테 장사하는 법 좀 알려줘라."

"장사? 장사야 네가 더 잘했잖아. 파는 데 진짜 소질 있는 녀석이 회사에서 썩고 있네. 너 대학 때 물건 파는 거 보고 장사 천재라고 생각했는데. 정말 장사할 생각 없어?"

"내가? 장사 천재?"

홍 대리는 쓴웃음을 지었다. 수열이 진지하게 물었다.

"밥은 먹었냐?"

"아니. 네 가게 오는데 밥을 왜 먹고 오냐?"

"그럼 밥부터 먹고 시작하자."

수열은 주방에 들어가더니 금방 한 상을 차려 내왔다.

"든든하게 먹어. 8시쯤부터 눈알 돌아갈 정도로 바쁠 테니까."

밥을 먹자마자 앞치마를 내왔다. 앞치마에는 오일러 공식이 그려져 있었다.

"나보고 서빙 하라고?"

"그럼. 입 하나 들고 와서 공짜로 얻어가려고?"

"아아, 좀 봐주라."

"왜 이래, 선수끼리. 네 실력 오늘 유감없이 발휘해봐!"

본격적인 저녁 장사를 시작하기 전, 잠깐 쉴 법도 한데 수열은 한시도 장사에서 한눈팔지 않았다. 회사에 다니는 사람만 계획적으로 일을 한다고 생각했다면 그것은 오해다. 수열은 직원들과 테이블에 앉아 업무보고를 하고 일정을 공유하며 회의를 했다.

"어제 주문한 채소들 다 배달됐지? 오케이. 냉장고 확인했고. 오늘 특별메뉴는 치즈제육두루치기니까 물량 계속 확인하고. 난 손님들 분위기 봐서 서비스나 이벤트 조정해볼게."

"네!"

"좋았어. 15년 서빙 노하우를 갖고 계신 친구도 있겠다. 오늘 판매 신기록 한번 세워보자고!"

직원들의 얼굴에 미소가 번졌다. 정말로 좋아하는 눈치였다. 그들을 보니 금요일 밤이 얼마나 바쁜지 알 수 있었다. 홍 대리가 아니었다면 고양이 손이라도 빌리고 싶었을 것이다. 수열이 말한 대로 8시가 되자마자 손님들이 삼삼오오 문을 열고 들어왔다. 순식간에 테이블 열 개가 꽉 찼다. 한쪽에서는 주문을 받느라고 정신이 없었다. 그 와중에도 손님들은 계속 들어왔다.

"몇 분이세요?"

"다섯 명이요."

수열은 실내를 둘러본 후 미안한 표정으로 대답했다.

"어떡하죠? 지금 큰 테이블은 꽉 찼는데. 빈자리가 빨리 나지 않을 거 같아요. 친구들끼리 모처럼 오셨는데 따로 앉는 건 불편하겠죠?"

"네. 다음에 올게요."

손님의 마음을 사로잡는
'대단한 무언가'가 있다고 생각하지 마.

다른 가게에는 없는 소소한 아이디어가
1등 전략이 될 수 있어.

"죄송합니다. 아, 잠깐만요."

수열은 카운터 아래에서 무언가를 꺼냈다. 마사지 팩이었다.

"저희 가게를 찾아주셔서 감사합니다. 다음에 오실 때에는 예약 전화를 주시면 기다리지 않을 수 있으세요. 오늘은 다른 곳에서 즐거운 시간 보내시고, 촉촉한 피부로 다음에 꼭 와주세요."

"하하하. 네. 수고하세요."

자리가 없어서 허탕을 쳤는데도 손님들은 기분 나빠하기는커녕 다음에 꼭 오겠다는 말을 남기고 즐겁게 발길을 돌렸다. 저녁 내내 프라이팬은 쉴 새 없었다. 접시도 들어오자마자 설거지를 하지 않으면 모자랄 정도였다. 홍 대리는 손님들의 표정을 놓치지 않았다. 사람들은 음식을 먹으면서 미소를 보이거나 고개를 끄덕였다. 그만큼 맛의 만족도가 높다는 의미였다.

세련된 나무 테이블과 잘 어울리는 그릇 덕분에 음식은 더욱 맛깔러워 보였다. 어느 것 하나 허술한 점이 없었다. 처음 온 사람들도 오일러를 알고 일부러 찾아온 듯했다.

"여기 두루치기 유명해."

"그래. 들은 것 같다. 두루치기, 소주 한 병, 맥주 한 병이요."

"네, 알겠습니다. 메뉴판은 가져가도 될까요?"

"잠깐만요. 메뉴 구경 좀 할게요. 여기 메뉴판도 진짜 재밌다. 두루치기 그림 봐봐."

메뉴판에는 달랑 요리 그림과 숫자만 쓰여 있었다. 그런데도 사람들은 메뉴판이 위트가 있고 재미있다고 했다. 길거리에서 뽑기 하는 기분이 들고, 어느 걸 뽑아도 독특하고 맛이 있다는 평이었다. 수열은 홍 대리와 눈이 마주치자 눈짓을 찡긋하더니 화통이라도 삶아먹은 듯한 목소리로 나가는 손님에게 90도로 인사했다.

"행복한 금요일, 안전하게 집으로 돌아가시고 다음 주에 뵙겠습니다!"

문 가까이 있던 직원이 손님이 나가는 타이밍에 맞춰 문을 열어주면서 또 한 번 인사를 했고, 그 사이 다른 직원이 테이블을 번개같이 치웠다. 그들은 합이 아주 잘 맞는 팀이었다. 가게는 수열을 많이 닮아 있었다.

숨 돌릴 틈도 없이 바쁘게 움직이다 보니 문 닫을 시간이 되었다. 손님들이 빠져나가고 간단히 정리를 했다. 몸은 힘들었지만 기분은 상쾌했다. 장사가 잘된다는 기분이 어떤 건지 온몸으로 느낀 덕분이었다.

이영석의 어드바이스

절대로 "NO"라고 하지 마라. "NO"라는 말로 부정적인 느낌을 주는 것보다 우리 가게만의 특별한 무언가를 제공했다는 느낌이 들게 하라. 마감 시간이 지나서 온 손님에게 "안 된다"고 말하지 말고, 테이블이 꽉 차 되돌아가는 손님을 그냥 보내지 마라. 대신 "죄송한데 어느 정도 시간이 더 필요하세요?"라고 질문하고, 애써 찾아왔는데 헛걸음하게 하지 말고 작은 서비스라도 꼭 주어라. 거부당하고 거절당했다는 느낌을 주는 순간 손님은 두 번 다시 발걸음하지 않을 것이다.

이영석의 장사 필살기

무슨 장사를 할까?
업종 선택이 운명을 좌우한다

아이템 선정은 잘 아는 분야를 선택하라

장사는 자신이 잘 알고, 잘할 수 있는 분야를 선택하는 것이 좋다. 무작정 관심만으로 뛰어들었다가는 큰코다친다. 적성에 맞지 않거나 잘 모를 경우 실패할 확률도 높고 지속적으로 장사하기 힘들다. 적성에 딱 맞는 분야라고 하더라도 취미생활 하듯 정보를 취합해서는 안 된다. 전문가의 견해를 충분히 들으며 객관적인 시각으로 트렌드, 지속성, 안정성, 소비자 성향 등을 면밀히 분석한 다음 장사를 할 것인가 말 것인가 결정하고 실행해야 한다.

아이템에 대한 지식이 없다면 가맹점을 고려하는 방법도 있다. 모든 가맹점은 매뉴얼화되어 있어 조리법, 점포 선정, 인테리어, 매장 운영 등 고유의 노하우를 전수받을 수 있다. 하지만 이 또한 각종 박람회와 사업설명회에 참여해서 본인이 고민하고, 꾸준히 살펴본 후에 결정해야 한다. 자신이 하려는 장사가 적성에 맞는지 고려한 후엔 적절한 교육을 받는 것이 좋다. 전

기관명	사이트 주소	설명
K-스타트업	www.startup.go.kr	중소기업청 제공 창업포털 사이트
기업마당	www.bizinfo.go.kr	중소기업 지원사업, 경제동향, 교육, 세미나 정보, 온라인 상담 제공
소상공인포털	www.sbiz.or.kr	소상공인시장진흥공단 운영, 교육, 컨설팅, 나들가게, 프랜차이즈, 상권 정보, 신사업 안내
청년위원회 청년포털	www.young.go.kr	청년 지원정보, 창업, 일자리, 장학금, 정책, 생활정보, 해외진출, 커뮤니티 제공

창업에 관한 정보와 도움을 얻을 수 있는 기관들

문가의 객관적인 시선을 체득하자. 이미 앞서 경험한 선배의 값진 조언을 무시하지 말자. 마지막으로 장사를 잘하려면 머리가 아니라 몸으로 익혀야 한다. 현장에서의 실습은 교육에서 배운 이론과는 다를 수 있다.

아이템 선정을 할 때는 업종의 특징을 잘 파악해서 입지를 선정하고 가게의 콘셉트를 결정한다. 전략적 마케팅은 홍보에도 큰 도움이 된다. 그러나 단기간에 대박을 터뜨리겠다는 만용보다 균형 잡힌 시각을 가지고 체계적으로 준비한다. 직접 부딪쳐보고 익힐수록 훌륭한 장사꾼이 된다는 것을 명심하자.

장사를 재미로 하지 마라, 투자대비 순이익을 정확히 따져라

"경기가 안 좋아서 장사가 안 된다는 건 변명이구만."

오일러 간판에 불이 꺼지고 가게 문을 닫은 시각은 새벽 1시였다. 그제야 홍 대리는 한숨 돌렸다. 그러나 직접 겪지 않았더라면 절대로 알 수 없을 것들을 배울 수 있었다. 수열이 가져온 생맥주잔을 유쾌하게 부딪쳤다. 숨도 안 쉬고 꿀꺽꿀꺽 넘겼다.

"카아! 시원하다. 우리 가게 괜찮아?"

수열의 말에 홍 대리는 엄지손가락을 치켜세웠다.

"재미삼아 이것저것 해본 결과야. 딱딱하게 장사하긴 싫어서 처음에는 고민 좀 했지."

"그런데 우리 아버지 가게는 치킨집이라서 이렇게 하긴 힘들 것 같아. 아파트 단지 배달이 거의 대부분이니 가게에 투자하기도 그렇고. 너처럼 확실한 콘셉트를 잡아서 다른 장사를 하자니 비용도 만만치 않고. 게다가 메뉴를 10개 넘기긴 힘들거든."

수열은 물끄러미 홍 대리를 바라보았다.

"어이, 홍 씨."

수열이 이렇게 부를 때는 진지해졌다는 증거였다.

"장사를 배워보고 싶다는 사람 맞아?"

홍 대리는 수열을 바라보았다. 무슨 대답을 해야 할지, 무슨 대답을 원하는지 알 수 없었다.

"세상에서 제일 재미있는 게 불구경이야. 그런데 중요한 건 그 불이 나와는 상관없는 일이어야 한다는 거지. 우리 집 불나서 홀라당 타고 있는데 팔짱 끼고 구경할 거야? 장사도 똑같아. 강 건너 불구경하듯 하면, 장담하는데 무조건 망해. 팔짱 풀고! 눈썹 휘날리게 뛰어가서 불을 꺼야지."

수열은 말을 끝내자 맥주를 들이켰다. 목이 탈 만큼 답답해하는 표정이었다.

"너희 아버지는 워낙 그 동네에서 오래 하셨고 치킨도 맛있으니까 그동안은 어렵지 않았을 텐데 아마 조금씩 달라질 거야. 이 동네도 한 해가 달라. 문 닫고 인테리어 바꾸는 가게들 보면서 내가 다 걱정이 되더라."

"그럼 어떻게 하면 좋을까?"

수열은 곰곰이 생각을 하더니 툭하고 말을 꺼냈다.

"꽁무니에 불붙은 닭마냥 여기까지 쳐들어온 거 보니까 단순히 아버지 가게를 도우려는 갸륵한 마음만은 아닌 것 같은데? 솔직히 불어봐."

"불기는. 내가 풍선도 아니고. 그런 거 없어."

"어허. 내가 널 일이 년 보냐? 마음에도 없는데 몸소 움직이셨다고? 웃기네, 홍상인."

수열은 홍 대리를 미분하듯이 분해하고 있었다. 그제야 홍 대리는 실토를 했다.

"너도 알지? 대학 때부터 나 장사하고 싶어 했던 거."

"알지. 그런데 왜 취직 했냐? 이유나 알자."

"아버지 반대지 뭐."

"대부분의 아버지는 우리가 뭘 한다고 하면 처음엔 말리지."

수열은 한쪽 눈을 찡긋했다. 그녀 또한 수학 선생님이 되길 바랐던 아버지의 반대를 무릅쓰고 시작한 장사였다.

"그래서 그냥 얌전하게 취직해서 월급쟁이로 사는 거야? 아니면 아직 미련이 있는 거?"

"미련이야 버렸다고 생각했지. 그런데 아버지 가게에서 좀 일하다 보니까 역시 장사가 재미있더라고."

"그럼 해보는 게 어때?"

"나 아직 회사 다니잖아."

"본격적으로 장사하고 싶으면 그만둬야지. 아니면 투잡 하게? 장사는 실제로 해보는 게 최고야. 아버지 가게 돕는다고 해도 아르바이트생이랑 다를 게 뭐냐? 주말만 나간다고 했지? 그럼 그때만이라도 사장을 해봐. 직원과 사장은 하늘과 땅 차이다, 너? 내 장사여야 행동이 나와. 옆에서 보면서 '이렇게 하면 장사가 잘될 거 같다'는 식의 훈수는 누구나 둘 수 있어. 말은 누가 못해? 넌 소질이 충분하잖아. 부딪쳐봐!"

"진짜 내가 장사에 소질이 있다고 생각하나?"

"대학 때 중고매매로 어지간한 월급쟁이보다 더 많이 벌던 놈이 누군데. 너 사실은 장사하고 싶은 거 아냐? 방금 그렇게 말했잖아. 아직 회사 다닌다고. 난 그 말이 귀에 꽂힌다. '아직'이라는 건 곧 끝난다는 거 아냐?"

"그건 그냥 입에서 튀어나온 말이고."

"세상에 그냥이 어디 있냐. 유식하게 무의식이 어쩌고 해야 알아듣겠냐?"

"하하하. 됐다, 됐어."

농담으로 넘기긴 했지만 홍 대리는 가슴 깊은 구석이 찔린 느낌이었다. 수열은 계속 말을 이었다.

"게다가 넌 숫자에 밝잖아. 영업을 했으니 돌아가는 판도 어지간히 알 거고. 나야 현장을 잘 몰라서 고생 좀 했지만."

별 고생 없이 자리를 잘 잡은 줄 알았던 수열에게도 힘든 때가 손님이 없다고 해서 가만히 있지 마.

다른 가게들을 가보면
매장에 우두커니 넋 놓고 있는 사람들이
의외로 정말 많아. 그래선 안 돼.
가만히 앉아서는 고객의 욕구가 보일 리가 없어.

있었다고 했다. 그러나 그나마 남들보다 빨리 자리를 잡을 수 있었던 비결은 '장사 너머에 있는 숫자'를 읽을 줄 아는 덕분이었다.

수열은 수학과 출신답게 숫자에 강했다. 무엇을 얼마에 팔 것이며, 원가는 얼마이고 이익은 얼마인지, 자금 조달은 어떻게 할 것이며, 투자와 회수를 어떻게 할 것인지, 소위 장사를 하는 데 가장 필요한 것 네 가지로 꼽히는 매출, 이익, 자금조달, 투자금 회수에 대한 계산이 빨랐던 것이다.

"장사에서 가장 중요한 게 뭔지 알아?"

"메뉴? 위치? 마케팅?"

"꿈나라에 사는 소년이냐? ==장사에서 중요한 건 매출에 대한 추정이야. 1년 동안 얼마나 매출을 올릴 수 있고 매년 얼마나 더 성장이 가능한지 추정할 수 있어야 한다고.== 내가 단순하게 홍대 앞을 좋아해서 여기다 가게 낸 줄 아냐?"

수열이 홍대 앞에 술집을 연 진짜 이유는 시장 규모를 파악했기 때문이었다. 시장 규모라고 해봤자 장소가 정해진 술집을 하는 데 거창한 것도 아니었다. 지역의 유동인구, 손님, 늘어날 잠재력, 경쟁 술집, 주변 술집에 비해 유리한 점 등 매출과 직결될 수 있는 분석을 철저히 했던 것이다.

상권이 죽었다지만 그래도 홍대 앞이었다. 다른 데보다 보증금이나 월세, 권리금이 비쌀 수밖에 없었다. 그래도 수열이 굳이 홍대 앞에 가게를 연 이유는 이 모든 것을 감안하고서도 이익발생에 대한 기대가 있었기 때문이었다.

"내가 하루에 얼마를 팔아야 이익이 생길 것 같아?"

"잘 모르겠지만……. 오늘처럼 장사가 잘되면 괜찮은 거 아냐?"

"하하하. 오늘처럼 매일매일 잘돼야 한다면 어쩔래?"

"뭐? 매일 오늘 같아야 한다고? 그렇게 정신없이 손님이 매일 몰려든단 말이야?"

"꼭 그렇진 않아. 휴가기간도 있고 천재지변도 있고 하여튼 장사에 방해되는 온갖 일들은 항상 일어나니까."

수열이 웃으며 말했지만 농담처럼 들리지 않았다.

"매출이 모두 순이익이 아닌 건 너도 알지? 나도 얼마 전에야 겨우 손익분기점을 넘어 섰으니까. 이제야 한숨 돌린 셈이지."

수열은 당장 매출보다 5년 후를 본다고 했다. 최소 5년 정도의 매출과 이익, 전체 비용에 대한 그림이 나와야 추가로 투자를 할 것인지 말 것인지, 시설이나 인테리어 등에 추가 투자를 할 경우 자기 돈을 쓸 것인지 빌릴 것인지, 빌릴 경우 이자까지 고려한 수익은 어떻게 계산해둘 것인지, 직원 고용은 몇 명으로 할 것인지 세밀한 부분까지 보고 대책을 마련할 수 있다는 것이다.

수열에게 실제로 이야기를 듣다 보니 자신이 얼마나 어린애와 같은 시각으로 접근을 하고 있었는지 실감이 났다. 단지 장사를 좋아한다거나 자신 있다는 마음만으로는 한 달은커녕 일주일도 버티지 못할 터였다.

그러나 한편으로는 굉장히 흥미진진한 이야기였다. 머릿속으로는 벌써 자신이 장사를 했을 경우 어떻게 이익을 창출하고 손익분기점을 넘길 것인지 숫자가 지나가고 있었다. 이론과 현실이 딱 맞아떨어질지는 알 수 없었지만.

"하지만 가장 중요한 건 내가 이 정도 시간을 투자하고 과연 내 월급으로 얼마를 가져갈 것이냐의 문제야."

수열은 조금 지친 얼굴로 말했다.

"직장인의 큰 불평 중 하나가 '월, 화, 수, 목, 금, 금, 금' 일하기 때문이라지? 하지만 직장인은 매주, 매달 주말을 반납하진 않잖아. 장사는 1년 내내 '월, 화, 수, 목, 금, 금, 금'이야. 나도 가게 시작하고 초반엔 1년에 2번 쉬었어. 설날 당일이랑 추석날 당일. 요즘에나 직원들 믿고 자유를 맛보지만 말이야. 한 달에 600만 ~700만 원 이상 벌면 어지간한 월급쟁이보다 낫다고 하겠지만 하루 일하는 노동 강도와 쏟아붓는 시간이 얼만 줄 아냐? 지금 우리 가게 규모로 더 이상 매출을 늘려봐야 얼마나 늘리겠냐? 솔직히 말하면 장사 초기엔 '내가 고작 이거 벌자고 휴일도 없이 이 고생을 하나' 이런 생각도 했었지."

"그래도 꾸준히 할 수 있었던 이유가 뭐야?"

"뭐긴 뭐야. 시작했으니 제대로 잘하고 싶어서지. 그리고 내가 남 밑에서 고분고분 일하기 힘든 성미잖아. 그래서 장사를 시작한 건지도 모르지만."

말끝에 수열은 가끔 보이는 수줍은 미소를 지었다. 장사의 현실적인 고단함이 묻어 있는 웃음이었지만 아름답게 빛났다. 스스로의 힘으로 벌어먹고 산다는 자신감이 묻어 있는 미소였다. 헤어지기 전에 수열은 홍 대리를 꽉 안아주었다.

"장사를 하려면 제대로 하고 네 월급도 꼭 챙겨. 괜히 어설프게 총매출 늘린다고 네가 적게 가져가면 착각하게 돼. 스스로 네 인건비를 충분히 챙기고 고정비, 변동비 모두 계산한 후에 남는 돈이 진짜 이익이야. 네 시간과 노력만큼 소중한 기회비용은 없어. 장사를 잘하려면 진짜 이익과 가짜 이익을 구분할 줄 알아야 해."

집으로 돌아오는 길에 하늘을 보았다. 캄캄한 밤하늘에 별들이 빛났다. 그중 유난히 빛나는 별이 꼭 장사로 성공한 수열로 느껴졌다. 반면 자신은 별과 별 사이에 있는 암흑 같았다. 분명 존재하지만 있는지 없는지조차 모르는 텅 빈 공간. 자기 영역이라고 부를 만한 게 없는 캄캄한 공간이 쓸쓸하게 느껴졌다.

수열은 나름대로 성공을 이뤘을 뿐 아니라 정신적으로도 훌쩍 성장해 있었다. 각자 사회생활을 하면서 누군가는 장사를 하고 누군가는 월급을 받았다. 대리를 달고 연봉이 조금씩 오르기 시작했을 땐 앞날을 알 수 없는 장사보다 직장인이 훨씬 안정적이라고 생각을 했다.

'그러나 과연 잘한 선택일까?'

마음이 이상하게 초조했다. 자신의 장사를 하면서 당당한 수열이 부러웠다.

 이영석의 어드바이스

꿈에 부풀어 장사를 시작한 당신, 하루하루 매출에 살얼음 위를 걷는 것 같은 기분인가? 1년 뒤, 2년 뒤, 3년 뒤의 큰 그림을 먼저 그려보라. 1년 뒤 얼마나 매출을 올릴 수 있고 내년에는 얼마나 더 성장할 수 있을지 가늠할 수 있어야 한다. 매일의 매출에 마음 졸이며 단 하루도 쉬지 않고 일만 하다가는 가장 소중한 자산인 스스로를 망가뜨릴 수 있다. 하루하루 발목 묶이지 말고 1년 뒤를 그려보면서 진짜 이익과 가짜 이익을 구분하는 판단력을 탑재하자.

기본은 누구나 한다, 재미가 있어야 고객을 끌어당긴다

오일러에서 늦게까지 일하고 와서 몸은 피곤한데 잠이 오지 않았다. 새벽까지 뒤척이다가 동이 트자마자 산책을 하고 들어왔다. 현관문에 들어서자 아버지가 시장에 갈 준비를 하고 있었다.

"저도 같이 갈까요?"

"새벽부터 어딜 갔다 와? 안 피곤하냐?"

아침 시장은 활력이 넘쳤다. 아버지를 따라다니면서 장을 보고 물건을 차에 실었다. 홍 대리는 이상하게 즐거웠다. 회사에 출근하는 것보다 시장에 가는 일이 더 신이 났다. 내친 김에 용기를 내어 말했다.

"아버지, 주말엔 아예 제가 장사를 책임지고 해볼게요."
"지금도 도와주고 있잖냐?"
"그 정도가 아니고, 아예 가게를 맡아볼게요. 메뉴도 새로 개발하고 가게 분위기도 좀 바꾸고. 장사 안 된다고 손님만 기다리면서 무조건 손 놓고 있을 수만은 없잖아요."

아버지는 홍 대리를 말없이 바라보았다. 애초에 장사에 대한 생각을 접게 하려고 가게에 오라고 했지만 최근 한 달 동안 장사가 되지 않아서 난감하던 차였다. 장사가 안 되니 속은 쓰렸지만 장사가 쉽지 않다는 것을 저도 느끼긴 했을 것이다. 그런데 오히려 아들은 장사에 의욕을 갖는 눈치였다. 아버지는 마음을 다잡았다.

"장사 아무나 하는 줄 아냐? 간이고 쓸개고 다 빼놓고 하는 거다. 젊었을 때야 기운 넘치니까 다 될 거 같지만 세상이 만만하지 않아."

장사는 자기 대에서 끝내고 싶었다. 주말도 없이 일을 하고, 저녁 시간엔 가게에 붙잡혀 있고, 장사가 잘되면 잘되는 대로 안 되면 안 되는 대로 신경 써야 하며, 새벽 장에 나가야 하는 일을 자식한테까지 시키고 싶지 않았다.

대학 졸업해서 번듯한 회사에 취직해 사무실 책상에서 일하는 아들이 자랑스러웠다. 저가 좋아서 가게 일을 돕는다지만 천성적으로 장사를 좋아하는 놈이었다. 하지만 아들에겐 말리면 더 하는 청개구리 기질이 있는 것도 알고 있었다. 홍 대리는 말 없이 핸들만 움직였다. 차 안에는 정적이 가득했다. 아버지는 달리 방법이 없다고 생각했다.

'손님이 없을 시기니 가게 직접 운영하다 보면 꼬박꼬박 월급 받는 생활이 얼마나 좋은 건지 스스로 알게 되겠지.'

아버지는 가게에 물건들을 내려놓자마자 홍 대리에게 말했다.

"알았다. 한번 해봐라. 그렇게 해보고 싶으면 해보는 거지."

홍 대리의 눈이 커졌다.

'아버지가 왜 이러시지?'

그러나 아버지 속을 알 리 없는 그는 환하게 웃는 얼굴로 대답했다.

"네, 아버지. 열심히 일하겠습니다!"

+ + +

홍 대리는 아버지의 승낙을 받아낸 후, 가게에 온 신경을 쏟았다. 장사에 대한 호기심이 늘어난 만큼 회사일도 많아졌다. 부서에서 홍 대리에게 요구하는 업무 강도도 높아졌다. 업무 시간만 늘린다고 해결할 수 있는 일이 아니었다. 능력을 끌어올려야 가능한 일이었다. 정시 퇴근은 불가능했다. 매일 회의가 이어졌다. 저녁 늦게 퇴근을 하는데 들어오는 이 과장과 딱 마주쳤다.

"홍 대리, 설마 지금 퇴근하려고?"

"그게, 그러니까……."

퇴근 시간은 이미 지나 있었다. 난감한 표정으로 서 있자니 이 과장의 심술보가 작동하는 게 느껴졌다.

"쯧쯧, 그래서 승진할 수 있겠어? 따라와!"

"네."

이 과장은 뒤에 홍 대리가 따라오고 있다는 것을 알면서도 혼자 중얼거리며 홍 대리를 비롯한 부하 직원들에 대한 욕을 계속했다.

"이걸 자료 분석이라고 한 거야! 내가 이런 것까지 알려줘야 돼! 똑바로 하라고 똑바로! 일을 이 따위로 해놓고 퇴근을 하려고 했어? 응? 다른 쪽으로 자료 조사부터 다시 해서 올려!"

"네."

대거리를 해봤자 돌아오는 건 지루한 연설과 욕과 침 세례뿐이라는 것을 알기에 아무 말도 못 하고 울며 겨자 먹기로 분석한 자료를 들여다보았다. 홍 대리의 뒤통수에 대고 이 과장은 혀를 더 크게 쯧쯧거리며 자리를 떠났다.

"어휴, 진짜 내가 저걸. 회사를 때려치우든지 해야지!"

홍 대리는 자료 분석한 종이를 책상에 내팽개쳤다.

✤ ✤ ✤

회사 업무 자료 분석보다 아버지 가게를 어떻게 바꿔야 할지 고민하는 게 더 재미있었다. 자신이 살아 있다는 생각까지 들었다. 날마다 퇴근 후 시간 가는 줄도 모르고 새로운 아이디어를 짜내는 데 골몰했다. 그러나 홍 대리가 생각해낸 아이디어는 아버지 앞에서는 무용지물이었다. 뭘 하자고 해도 시큰둥한 반응이었다.

"마트에서처럼 저희도 시식을 하게 하면 어떨까요?"

"치킨이랑 맥주는 시식하면 안 산다."

"왜요?"

"치킨은 첫 맛이 중요해. 속이 채워지면 먹고 싶은 마음이 뚝 떨어진다."

"그래도 사람이 많이 오는 게 중요하잖아요."

"많이 오기만 하면 뭐하냐. 많이 팔아야지."

가게 분위기를 바꾸려는 시도에 대해서도 마찬가지였다.

"아버지, 가게가 너무 칙칙하지 않아요? 70년대도 아니고 인테리어가 너무 낡았어요. 좀 바꿔요."

"아서라. 그런 데 손대는 것보다 치킨 잘 튀겨서 파는 게 더 중요해."

"아, 그거야 기본이구요."

"기본 제대로 하는 것만 해도 신경이 많이 쓰여. 화려하게 사람 끌어도 나중에 감당 못할 정도로 오면 그것도 문제다. 귀신은

강 건너 불구경하듯 장사하면
장담하는데 무조건 망해.

팔짱 풀고, 눈썹 휘날리게 뛰어가서 불을 꺼야지.

속여도 사람 입맛은 못 속이는 법이야."

"아, 아버지. 그래도 일단 사람이 많이 와야……."

"맛있으면 다 와. 네가 장사에서 배울 게 있다고 해서 가게 나오라고 했지, 누가 너한테 이래라저래라 잔소리 듣겠다고 했냐? 이럴 거면 나오지 마. 내 가게니까 내 마음대로 할 거다."

그러나 홍 대리는 가게가 점점 쇠락해가는 것을 보고만 있을 수 없었다. 기본만 충실히 하면 시간은 나의 편이라고 굳게 믿고 있는 아버지를 이해할 수 없었다.

"크게 달라지는 모습을 반드시 보여줘야겠어!"

홍 대리는 굳게 결심했다. 주먹을 위로 쭉 뻗어 올리며 회심의 미소를 지었다.

✦ ✦ ✦

축구 국가대표팀의 경기가 있는 토요일이었다. 오랜만에 가게도 활기를 찾았다. 오후부터 배달 예약 전화가 정신없이 밀려들었다. 경기는 6시에 시작될 예정이었는데 1시간 전부터 사람들이 몰려왔다. 테이블마다 열광의 도가니였다.

홍 대리는 흐뭇한 미소를 지었다. 테이블마다 맥주를 돌리고 인사도 나누었다. 잠깐도 쉬지 못하고 몇 시간을 일해도 신이 났다. 올라가는 매상 때문만은 아니었다. 사람들과 함께 웃고 떠드는 재미가 있었다. 북적이는 손님들, 1시간이 멀다 하고 올라가는 매출, 가게 안을 가득 채운 그 흥과 열기!

이날 밤, 홍 대리는 밤늦게까지 잠을 이루지 못했다. 걱정으로 잠을 이루지 못하던 얼마 전과는 전혀 달랐다. 아드레날린이 온몸으로 퍼져나갔다.

'아, 장사가 이런 거였나!'

홍 대리는 자신의 두 손을 쥐었다 폈다. 전기가 통하듯 흥분과 설렘이 자신을 가득 채우고 있었다. 앞으로 오늘 같은 날이 계속될 것 같았다. 하지만 현실은 바람과 달랐다. 그날은 운이 좋아서였다. 토요일 A매치 축구경기는 자주 오는 행운이 아니었다. 다음 주부터 홍 대리는 뚝뚝 떨어지는 매출을 눈뜨고 지켜볼 수밖에 없었다. 다시 한적하던 때로 돌아가고 있었다.

아버지는 예전처럼 아들의 어떤 의견도 받아들이지 않았고 홍 대리는 점점 복장이 터져서 견딜 수가 없었다. 텅 빈 가게에 앉아서 간간이 오는 배달 전화만으로는 그의 혈기가 버티기 어려웠다. 이럴 바에야 자신의 가게를 차리고 싶었다.

"내 가게?"

갑자기 가슴이 뛰었다. 불가능한 일만은 아니었다. 한 번 든 생각은 점점 커지기만 했다. 아버지 가게에서 실제 경험을 해보니 자신이 직접 해도 최소한 망해먹지는 않을 것 같았다. 마음껏 하고 싶은 대로 장사를 해보고 싶다는 생각도 들었다. 한창 장사에 몰두할 때의 흥분이 떠올랐다. 회사 일을 하면서도 느끼지 못하던 감정이었다.

"장사를 하고 있는 놈도 나한테 장사에 소질 있다고 했잖아. 혹시 나 숨은 장사 천재가 아닐까? 밑져야 본전인데 가게나 한번 알아볼까?"

생각만으로도 홍 대리는 기분이 좋아졌다.

+ + +

드디어 기회가 왔다. 이 과장이 외근을 나갔다가 바로 퇴근한다고 한 날 홍 대리는 퇴근 시간이 되자마자 부리나케 회사를 빠져나왔다. 예전부터 눈여겨보고 있던 익선동부터 둘러볼 참이었다. 한창 뜨고 있는 곳이지만 옛날 골목길의 정취가 여전히 많이 남아 있어서 정겨운 느낌이 들었다. 한옥을 개조해서 만든 가게들이 몇 군데 있었다. 골목길에 어울리게 예스러운 분위기를 살려서 오래된 물건을 인테리어로 활용하거나 테이블이나 소품으로 사용한 가게도 많았다. 내친김에 부동산 몇 군데에 들어가 보았다.

"생각 잘하셨네요. 요즘 이곳에 가게 내면 무조건 대박 나죠. 아직 가게가 많이 안 들어와서 뭐가 들어와도 잘될 걸요."

"정말요?"

"그럼요. 마침 자리 난 곳이 두 군데 있는데 한번 보실래요?"

자신을 위해서 준비라도 한 것처럼 자리가 났다니 귀가 솔깃했다. 마치 장사의 길이 자신의 운명처럼 느껴졌다. 부동산 중개인을 따라가면서 사람들이 많이 앉아 있는 가게를 유심히 보기도 하고, 사람들이 다니는 동선도 파악했다. 중개인이 발걸음을 멈추었다. 코너에 있는 제법 넓은 크기의 가게였다.

"진짜 운 좋은 줄 아세요. 바로 오늘 아침에 나왔는데 필요한 시설은 거의 다 되어 있어서 바로 들어와도

돼요. 권리금이 조금 세서 그렇지. 어차피 인테리어 비용 생각하면 오히려 절약할 수 있을걸?"

"권리금요? 권리금이 얼만데요?"

"1억 원인데 내가 잘 말하면 8000만 원까지 될 수도 있어요."

권리금이라는 말을 들어보긴 했지만 생각했던 것보다 너무 비쌌다. 모아놓은 돈도 거의 없는 데다가 퇴직금을 탈탈 털어도 턱없이 부족했다.

"왜요? 좀 비싸요? 다른 곳도 한번 볼까요? 괜찮은 데가 또 한 군데 있어요. 권리금도 싸고요. 여기보다 조금 작지만 상권은 좋아요."

두 번째 본 곳은 권리금이 3000만 원이었지만 골목 안쪽에 있었다. 게다가 낡은 건물이라 수리도 필요할 듯 보였다. 하지만 제법 유동인구는 많은 듯했다.

"마음에 들면 가계약이라도 하고 가요. 이런 데 흔하지 않아요. 밤에 두 팀이나 보러 온다고 했는데 먼저 가져가는 사람이 임자예요."

부동산 업자의 설명을 듣고 있자니 마음이 다급해졌다. 하지만 한번 알아보기나 하자고 나온 길이었다. 좋은 가게가 나왔다고 해서 덜컥 계약을 할 상태는 아니었다. 도움이 될 만한 사람을 생각하자 제일 먼저 떠오른 사람은 수열이었다. 당장 전화를 걸었다.

"바쁘지 않으면 시간 좀 내줘."

수열과 다음 주 오일러 휴일에 마포에서 보기로 했다. 장사로 성공한 수열이 부러운 것은 둘째 문제였고 장사 시작하기 전에 필요한 건 뭔지 듣고 싶었다. 홍 대리는 오랜만에 투지를 느꼈다. 한창 장사에 열을 올렸던 대학 시절 재미가 되살아났다. 잊고 있던 열의가 자신도 모르게 무럭무럭 자라고 있었다.

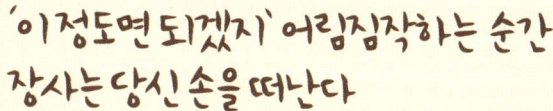

'이정도면 되겠지' 어림짐작하는 순간
장사는 당신 손을 떠난다

1. 객관적인 사실을 바탕으로 투자 대비 수익률을 파악한다

창업하고자 하는 당신이 가장 먼저 고려해야 할 것은 자본금이다. 자신이 조달할 수 있는 자금 규모와 투자 규모를 객관적으로 알고, 투자금을 정해야 한다. 이때 수익률에 대한 지나친 욕심과 타인과의 비교는 금물이다. 창업이라는 것도 다른 일과 마찬가지로 단계를 거쳐 성장할 수 있음을 명심하자.

2. 장사 자금, 초기 투자금만 생각하면 큰코다친다!

장사를 시작하기 전 생각해야 하는 필수자금은 초기 투자비용, 운영자금, 예비자금으로 나눌 수 있다. 업종과 가게 위치에 따라 비용은 천차만별 달라지므로 꼼꼼하게 파악하는 게 좋다.

첫 번째, 초기 투자비용이 필요하다. 가게를 얻는 데 필요한 비용과 시설 투자금이 여기에 해당한다. 임차보증금, 인테리어 공사비, 시설비, 비품비 등이 포함되며 기존의 가게를 인수할 경우 권리금이 추가로 필요하다.

비품은 비용을 많이 들이는 것이 능사가 아니다. 비싼 비품과 어설픈 조합을 피해야 한다. 매장 콘셉트, 구조, 평수, 동선 등을 고려하여 관리가 원활하도록 계획되어야 한다.

두 번째는 운영자금이다. 장사를 시작한 후 고정적으로 들어가는 비용이다. 임차료, 유지비(각종 공과금, 인터넷, 정수기 등), 인건비, 재료비, 보험료, 홍보비, 세금 등이 포함된다.

세 번째는 예비자금이다. 예고하지 않은 위험에 철처히 대비해야 한 번에 고꾸라지지 않는다. 예상치 못한 상황이 발생했을 때 바람막이가 되어줄 추가 비용이 반드시 필요하다. 초기 투자 비용과 운영자금으로 생각했던 자금에서 추가로 발생할 수 있는 비용까지 포함한다. 수익이 나기 전 일정 기간 동안 들어갈 최저 생계비도 고려해야 한다.

허황된 꿈은 금물, 세심하게 관찰하고 치밀하게 분석하라

"브라더, 너 좀 이상하다? 피곤에 절어서 귀신 같은 몰골인데 눈은 왜 이렇게 빛나?"

수열은 홍 대리를 보자마자 대뜸 물었다. 홍 대리는 고개를 절레절레 흔들었다.

"회사 일은 많지, 아버지 가게는 안 풀리지 미치겠다."

"미치겠다는 놈 치고 진짜 미치는 놈 없더라."

"이 자식이. 사람이 진지하게 말하는데!"

"그나저나 아버지 가게는 어때?"

홍 대리는 기다렸다는 듯이 수열에게 쏟아냈다.

"아버지랑 너무 안 맞아. 마케팅을 하나도 안 하셔. 요즘에

프로모션이나 이벤트 없이 어떻게 장사를 하냐고. SNS도 하고 광고도 하려고 하면 다 필요 없다 하시네."

"불만이 쌓였구나, 쌓였어."

"생각보다 충돌이 많아. 내 가게면 차라리 마음대로 하겠는데. 아버진 내 말을 전혀 안 들어."

"가게를 어떻게 바꿨으면 좋겠는데?"

"사람이 별로 없는 시간이나 요일에는 할인해서 손님들도 많이 유치하고, 치킨을 먹으러 온 사람들이 술을 많이 마시도록 유도하는 이벤트도 하고. 요즘 스몰비어 체인에서 하고 있는 콘셉트도 벤치마킹하고. 인테리어도 깔끔하게 바꾸고. 손을 대자면 한도 끝도 없지."

"대단한 아이디어도 없네, 뭘. 그런 아이디어는 인터넷으로 5분만 찾아도 다 만들어내겠다."

수열의 한마디에 이내 기가 죽었지만 그래도 홍 대리는 할 말을 다했다.

"그래도 내 가게면 무엇이든 한다. 정말이야."

말을 하다 보니 더 속이 탔다. 가득 담겨 있던 맥주를 단숨에 비워버렸다.

"만약에 너만의 가게를 차리면 어떤 아이템으로 하고 싶은데?"
"아이템?"
"괜히 엉뚱한 아버지한테 화풀이하지 말고, 네가 가게를 차리면 뭐 팔아서 성공시킬 거냐고."

"……."

"설마 진짜 아버지 돕고 싶어서 나 만나자고 한 거냐? 너 그렇게 효자였어?"

홍 대리는 피식 웃고 말았다. 아무리 생각해도 자신은 효자가 아니었기 때문이다.

"사실은 요즘 장사를 해볼까 하는 생각이 들어."

"오! 드디어 다시 피가 끓기 시작했구만. 그래서 무슨 장사 하고 싶은데?"

"먹는장사? 먹는장사는 안 망한다며."

"그러니까 먹는 거 뭐? 뭐 팔 거냐고."

"요즘 익선동 쪽이 뜬다고 해서 좀 돌아다녀 보니까 역시 먹는장사가 낫긴 하겠는데 뭘 할진 아직 못 정했어. 이제 알아봐야지."

수열의 표정이 어두워졌다. 그녀는 정색을 하고 홍 대리에게 말했다.

"==사생결단하고 달려들어도 요즘 자영업 성공하기 쉽지 않아. 제대로 알아보지도 않고 잘되겠지 하는 마음으로 했다간 말아먹기 쉬워==. 넌 아직 준비가 안 됐어."

홍 대리는 고개를 끄덕였다. 듣기 민망했지만 사실이었다.

"사실은 작은 술집 하나 하고 싶어. 기본으로 돌아가서 신선한 술, 맛있는 안주. 그거면 다 되잖아?"

수열이 웃으며 말했다.

"너희 아버지 가게네?"

"어?"

홍 대리는 머리를 한 대 맞은 것 같았다. '올드하다'고 그렇게 속으로 아버지 가게를 폄하했지만 지금 자신의 머릿속에 든 것도 그 정도 수준이었던 것이다.

"건방 떨지 말고 아버지께 많이 배워. 같은 자리에서 30년을 버틴 분들의 내공은 우습게 볼 게 아냐. 그리고 장사할 거면 빨리 해. 망하더라도 일찍 시작하면 일어나기 쉬워."

"넌 망한 적 있냐?"

"보고 싶은 친구들 놔두고 왜 한동안 안 나타났겠냐. 너희들이 내 사정 알면 조금이라도 도와줬겠지. 근데 그건 정말 하고 싶지 않았거든. 이를 악물고 참았지."

"이 녀석이. 그럴 땐 도움을 청해야지. 나처럼."

홍 대리는 말을 마치자마자 씩 웃었다. 수열도 홍 대리를 보며 웃었다.

"하지만 고생했던 그 시간이 꼭 헛된 것만은 아니야. 실패에서 오히려 크게 배웠거든. 그게 지금의 나를 있게 한 디딤돌이 되기도 했고."

가벼운 말투였지만 수열이 통과해온 시간은 결코 가볍지 않

장사를 '왜' 하려는 건지 분명히 해.
사생결단하고 달려들어도
요즘 자영업 성공하기 정말 쉽지 않아.

제대로 알아보지도 않고
'잘되겠지' 하는 마음으로 했다간 얼마 못 가.

았을 터였다.

"네가 어떤 아이템으로 장사를 하든 결코 매출만 강조하면 안 돼. 중요한 건 이익이니까. 하루에 손님을 한 팀만 받아도 이익이 나면 되는 거야. 백 팀을 받아도 손해가 난다면 매출과 상관없이 그건 망한 거지."

"하루에 백 팀을 받는데도 손해가 날 수 있냐?"

"하하하. 무슨 말인지 너도 직접 해보면 알 거다. 매출이 늘어도 비용을 줄이지 못하면 손해가 날 수밖에 없잖아. 옛날 생각해 봐. 중고매매할 때 1만 원 남기려고 갔는데 택시비로 1만 5000원 든 적 있었다며?"

"어? 그런 적이 있었나?"

정말이지 수열의 기억력에는 홍 대리도 두 손 두 발 다 들 지경이었다. 그만큼 수열은 관찰력이 뛰어났고 기억력도 남달랐다. 하지만 그것은 훈련의 결과였다. 얼핏 보면 그저 엉뚱한 괴짜로 보였지만 필요한 일에는 주의를 기울여 배우고 익히는 습관이 있었다.

"먹는장사 하더라도 기왕이면 재고 많이 남지 않고, 투자금 많이 들지 않고, 돈보다 시간과 노력을 들이면 될 만한 것을 골라. ==돈의 힘을 너무 과신하지 마. 돈으로 때려 부은 장사는 더 많은 돈을 가진 경쟁자가 나타나면 일찍 망할 수 있지만, 노력과 시간을 꾸준히 투자한 장사는 가장 늦게까지 버티는 힘이 되거든.=="

수열의 목소리엔 자기만의 장사를 해온 사람만이 가지는 자부심이 묻어 있었다. 헤어지기 전에 홍 대리가 물었다.

"근데 권리금이 뭐냐?"

수열은 심각한 표정으로 뚫어져라 바라봤다.

"너 여태까지 내가 한 말 이해는 됐냐?"

"대충은……."

"아무래도 넌 아주 기초부터 배워야겠다. 감으로 대충하려고 하다가 시작하기도 전에 망할 게 뻔히 보인다, 보여. 일단 네가 장사를 왜 하려는 건지 생각해보고 장사를 해야겠다고 결심이 서면 무엇을 할 것인지 제대로 알아봐. 권리금이 뭔지도 알아보고. 그리고 아버지께서 어떤 마음으로 어떻게 장사를 해오신 건지도 생각해보고. 그런데도 잘 모르겠으면 나한테 연락 줘. 회사 다니기 싫어서 장사나 해보겠다고 나선 거면 그딴 마음 삽질해서 파묻어버리고."

수열의 말은 한마디 한마디가 바늘로 콕콕 쑤시듯 피부에 와서 박혔다. 홍 대리의 얼굴을 바라보던 수열은 손님에게 말할 때처럼 큰 소리로 말했다.

"브라더, 벌써 기운 빠진 거 아니지? 힘내라."

수열의 말에도 홍 대리는 장난으로 맞받아칠 기분이 나지 않았다. 어깨에 두른 수열의 팔을 잡고 수열의 얼굴을 보며 물었다.

"야, 장사가 잘되면 어떤 느낌이냐?"

"혈액순환이 잘되고 정신이 맑아지면서 수명이 늘어나는 느낌이랄까?"

그것만으로 수열이 장사를 얼마나 좋아하는지 알 것 같았다. 기가 꺾였던 게 거짓말인 듯 홍 대리 가슴도 덩달아 뜨거워졌다.

+ + +

며칠 동안 이상한 상태였다. 기분은 좋은데 기운은 없고, 기운은 없지만 머리는 맑았다. 마음속으로는 장사를 하겠다고 결정을 내린 상태였다. 아무리 생각해도 장사만큼 재미있는 일이 없었다. 수열의 이야기를 귀담아 듣고 난 뒤 낼 수 있는 모든 시간을 투자했다. 출퇴근 시간이나 점심시간에도 창업 아이템 수집을 위해 휴대전화에서 눈을 떼지 않았다. 회사일과 아버지의 가게와 사업 아이템에 대한 생각으로 한 주가 지나갔다.

"아버지는 왜 치킨집을 차리셨어요?"

오후 3시, 가게가 한가해졌을 때를 틈 타 홍 대리는 아버지에게 물었다.

"나? 치킨을 좋아했으니까."

"아버지, 저는 술을 좋아해요. 그렇다고 제가 무작정 술집을 차리면 잘될까요?"

아버지의 미간이 찌푸려졌다. 홍 대리가 말이 안 되는 소리를 할 때마다 아버지는 이런 표정을 지었다.

"너! 설마 술집 차리려는 건 아니지?"

"아, 아, 아니에요."

홍 대리는 말을 아꼈다. 아버지는 가끔 귀신처럼 감이 빠를 때가 있었다. 아직은 아버지에게 사실대로 말할 때가 아니었다. 아버지는 고개를 갸웃하더니 말했다.

"너는 사람들을 좋아하지, 술 자체를 좋아하지는 않잖아. 사람들 만나서 놀고는 싶고, 만날 곳이 마땅하지 않으니 술집에 갔다가 재미를 알게 된 거 아니냐."

홍 대리는 눈이 번쩍 뜨였다. 매서운 아버지의 눈썰미에 홍 대리는 입을 다물었지만 아버지는 아들의 질문에 천천히 대답했다.

"내가 아이템으로 치킨을 선택한 이유라……. 지금은 치킨이 대중적인 음식이 됐지만 예전에는 안 그랬다. 기분 좋은 날, 아빠가 가족들에게 선물하는 특별한 음식이었지. 그 뭐냐, 패밀리 레스토랑? 그런 데랑 비슷했어."

아버지의 말을 듣자 머릿속으로 '건강하게 튀긴 치킨, 아이와 함께하세요!'라는 슬로건으로 저녁에 남은 치킨을 싸게 파는 아이디어가 지나갔다. 이젠 정말 뭘 들어도 장사와 연결되는 센서가 작동하고 있었다.

창업하기 전 반드시 명심해야 할 3가지

창업을 할 때는 다음 3가지를 반드시 확인하고 기억하자.

첫째, 창업 전 최소 1년은 그 분야에 뛰어들어 실전 노하우를 체득하라

창업하고자 하는 분야에 대해 철저하게 분석하고 관련 분야에서 적어도 1년 이상 일해야 한다. 왜 1년일까? 장사는 계절에 따라 달라질 수 있다. 봄, 여름, 가을, 겨울 계절적 요소에 따른 고객의 취향과 변화를 느끼고 관찰하려면 최소 1년의 시간이 필요하다.

둘째, 허드렛일부터 뛰어들어 배워라

하루아침에 사장님 소리 들으며 일할 생각하지 마라. 허드렛일을 마다하지 않겠다는 굳은 의지는 기본이다. 세상의 모든 일에는 기초가 있다. 장사를 하기 위해서 배우기로 결심했다면 아무리 작은 일이라도 최선을 다하겠다는 마음가짐이 무엇보다 중요하다. 직원을 밑에 두어도 자기 자신이 그 일을 빠삭하게 알고 있어야 효율적으로 가게를 운영할 수 있다. 작은 일, 기초

아무리 작은 일이라도 최선을 다하겠다는 마음가짐으로 봄, 여름, 가을, 겨울 한 사이클을 겪으며 허드렛일부터 관련 일을 배워야 한다.

를 잘하면 큰일도 잘할 수 있는 건 인지상정!

셋째, 물어보는 걸 부담스러워하지 마라

모를 때는 무조건 전문가에게 도움을 청하라. '약은 약사에게 진료는 의사에게'라는 말처럼 장사를 오래 해본 사람이 장사를 제일 잘 안다. '나는 달라' '우리 가게는 특별해'라는 허황된 생각에 사로잡히지 마라. 적은 비용을 아끼려다 큰 비용을 지불할 수 있다.

장사에도
공식이 있다고?

며칠 후 수열을 다시 만나러 갔다. 아무리 인터넷을 뒤지고, 부동산을 다녀도 의문만 늘어나고 자신의 조건으로는 부정적인 선택지만 늘어나는 것 같았다. 결정을 해야 했다. 친구에게 털어놓기엔 자존심 상하는 이야기였지만 자신이 가진 돈으로 어디에서부터 시작해야 할지 막막하기만 했다. 이것저것 아이디어는 떠올라도 장사를 할 때 그 아이디어를 어떻게 조합해야 효율적일지 생각할수록 머릿속만 복잡했다. 홍 대리의 이야기를 다 들은 수열이 귀가 번쩍 뜨일 말을 꺼냈다.

"내가 소개해주는 사람 한번 만나볼래?"
"누군데?"

"나의 문제를 해결했던 대빵. 너의 문제를 해결할 수 있는 분. 그야말로 장사의 신!"

"장사의 신?"

"이 분이 하라는 대로 하면 무조건 성공한다고 보장한다."

수열이 이렇게까지 말하는 사람은 없었기에 대빵이든 장사의 신이든 한번 만나보고 싶었다. 그러나 솔직히 속으로는 반신반의였다. 누군가의 말을 듣고 그대로 따라 하기만 해도 장사가 성공한다면 이 세상에 장사하다가 실패할 사람이 누가 있겠는가. 게다가 대빵이라니, 이름도 촌스러웠다.

"너 잘 아는 사람이야? 누군데?"

"즐거운 야채 가게 알아?"

"알지. 거기 유명하잖아. 젊은 사람이 트럭에서 채소랑 과일 팔다가 지금은 전국으로 쫙 깔린 가게. 우리 회사 마케팅 팀에서도 그 사람이 쓴 책 같이 읽었어. 우리 동네에도 있고."

"그 사람이야."

"네가 말한 대빵, 그러니까 장사의 신이 즐거운 야채 가게 사장이라고?"

"대빵은 맨 처음 트럭행상으로 시작했어. 그러다 우리 가게보다 작은 18평쯤 되는 가게 하나를 열었지. 지금은 전국에 40개가 넘는 가게가 있고. 장사올림픽이 있으면 대빵은 분명히 국가대표일 거야."

수열의 말에 호기심이 생기면서도 한 가지 의문이 생겼다.

"그런데 나는 술집 할 거잖아."

"그게 왜?"

"아무리 장사의 신이라고 해도 술집에 대해 알겠어? 분야가 다르잖아."

홍 대리의 말이 끝나기도 전에 수열이 말했다.

"장사는 통하는 데가 있어. 기본 원리가 있다고. 꼭 지켜야 하는 공식이 있고. 술집이든 채소든 가게를 운영하는 기본 원리는 같아."

"그래? 어떤 장사를 하든 같다고?"

"그게 뭔지 모른다면, 대빵에게 배워봐."

"그런데 이름이 대빵이 뭐냐, 대빵이?"

"처음 들었을 땐 나도 좀 웃겼는데 실제로 만나보면 왜 그런지는 알 수 있을 거야."

홍 대리는 곰곰이 생각에 잠겼다.

"내가 전에 말한 적 있지? 모든 일은 하다 보면 자기 스타일대로 하게 되어 있어. 하지만 장사의 기본 원리를 알고 움직이는 거랑 되는 대로 하는 거랑은 시간이 지날수록 결과가 확연하게 달라져. 그 기본 원리를 대빵에게 배웠어. 나한테 그분은 장사의 스승님 같은 분이야."

"좋아. 대빵이든 소빵이든 당장 만나봐야겠어. 만나서 나쁠 건

길거리에 늘어선 수많은 가게들 모두
최선을 다해 고객을 유혹하고 있어.

이들 중 고객의 선택을 받을
단 하나의 가게가 될 자신이 있어?

없잖아? 아님 말고지."

"기세 한 번 좋다. 그런데 번호는 알려줄 수 있는데, 통화가 쉽진 않을 거야."

"만나라고 해놓고 그건 또 뭔 소리야?"

"그런 게 있어. 하여튼. 포기하지 말고."

수열이 한 말이 무슨 뜻인지 대빵에게 전화를 걸면서부터 알게 되었다. 하루에 두세 번, 많게는 다섯 번을 전화해도 받지 않았다.

"뭐야, 좀 유명하다고 이러는 거야? 바쁘면 얼마나 바쁘다고 전화통화가 이렇게 안 돼?"

저절로 인상이 구겨졌다. 하지만 시간이 지날수록 마음도 급해졌다. 수열을 들들 볶는 수밖에 없었다.

"네가 대빵한테 말 좀 해주면 안 되냐?"

"벌써부터 꼼수야? 그런다고 만나주지 않아."

"뭐가 그렇게 복잡해. 전화도 수없이 하고 문자도 수십 통 남겼는데, 왜 연락이 없는 거야?"

"글쎄다."

"어쨌든 대빵을 꼭 만나야겠어! 아니 만나고 말 테다!"

그제야 수열이 빙긋 웃었다. 수열이 슬며시 웃으며 다시 말을 꺼냈다.

"장사를 잘하는 건 어렵지 않아."

"너야 장사를 잘하고 있으니까 그런 소리를 하지."

"아니야 제대로 배우면 장사도 누구나 잘할 수 있어. 능력이 없는 게 아니고 아직 뭐가 뭔지 몰라서 그래."

"배우면 장사가 잘된다고?"

"물론. 난 그렇게 믿어. 제대로 배우기만 하면 누구든 장사를 잘할 수 있다고 말이야."

배우면 누구나 장사를 잘할 수 있다니. 그저 말 한마디였지만 가슴속에서 희망의 싹이 새롭게 돋는 기분이 들었다. 홍 대리는 한결 누그러진 목소리로 말했다.

"대빵을 만날 수 있는 방법은 진짜 없을까?"

"아이고, 못 만나면 병나겠네."

수열은 어깨를 으쓱하더니 가게 안쪽에서 책 두 권을 들고 나왔다.

"대빵을 만나기 전에 이 책부터 한번 읽어봐."

"무슨 책인데?"

"대빵이 트럭행상에서 시작해 전국에 지점을 둔 야채가게 사장으로 어떻게 성장하게 되었는지, 장사에서 가장 중요한 것이 무엇인지, 어떤 마음으로 장사를 하고 있는지 쓴 책이야. 책을 읽으면 아마 어떤 사람인지 조금은 알게 될 거야. 만나는 날까지 계속 나 들들 볶으면서 아무것도 안 하고 있으면 시간 아깝잖아."

홍 대리는 고개를 끄덕이며 책을 집어 들었다. 표지 사진을 보는 것만으로도 싱싱한 채소 같은 기운이 전해졌다.

　수열을 만나고 온 다음 날 아침 홍 대리는 대빵에게 다시 전화를 걸었다.

　"여보세요."

　깜짝 놀랐다. 자연스럽게 음성사서함으로 넘어갈 거라고 생각했기 때문이었다.

　"어? 안녕하십니까? 오수열에게 소개받고 연락드린 홍상인입니다."

　"네. 반갑습니다."

　"제가 그동안 자주 전화를 드리고, 문자도 남겨서 실례가 아니었는지 모르겠습니다."

　"별 말씀을요. 괜찮습니다. 상인 씨에 대한 얘기는 수열 씨한테도 들었고요."

　"선생님의 책도 모두 읽었습니다. 귀한 시간 많이 빼앗지 않겠습니다. 딱 20분만 만나주세요. 꼭 뵙고 싶습니다."

　홍 대리는 어느 때보다 간절하게 말했다.

　"하하하. 왜 그렇게까지 저를 만나고 싶으신데요?"

　"정말로 장사를 잘하고 싶습니다. 수열이도 장사를 잘하려면 선생님을 꼭 만나라고 하더라고요. 책도 읽었습니다. 부탁드립니다."

　간곡한 홍 대리의 부탁은 다행히 거절당하지 않았다.

"알겠습니다. 잠깐 뵙는 거야 어렵지 않죠."

시간과 장소를 정하고 홍 대리는 전화를 끊었다. 믿기지 않았다. 휴대전화를 든 손을 번쩍 위로 치켜들었다.

"야호! 장사의 신을 만날 수 있다!"

전화 한 통화를 했을 뿐인데 세상을 다 가진 듯 기뻤다. 당장이라도 장사를 시작할 듯 마음이 뜨겁게 끓어올랐다.

 이영석의 어드바이스

장사를 처음 시작하는 당신. 분명 꿈에 부풀어 있을 것이다. '나만의 공간에서 내 꿈을 펼쳐 보이겠어!' '남 밑에서 일하는 건 내 적성에 안 맞아, 난 사장 체질이야!' 누구나 장사를 시작할 때 잘될 것 같다는 근거 없는 자신감에 충만해 있다. 창업을 할 때 우리의 착각은 '다 잘될 것 같다'는 생각이다.

명심하라. 100명이 장사를 시작하면 100명 모두 절대 망할 리 없다는 생각으로 뛰어든다는 사실을. 하지만 결과는 어떠한가? 몇 명이나 살아남는가?

장사 수업

제2강

열심히 말고
제대로 장사하라

자본금 마련부터 직원 관리까지
장사를 시작한다면 꼭 알아야 할 것들

장사, 무서운 숫자의 세계!
자본금부터 마련하라

아침부터 가슴이 뛰었다. 드디어 대빵을 만나는 날이었다. 즐거운 야채 가게는 집에서 가까운 곳에 있었다. 평소에 자주 과일이나 채소를 사러 가던 곳에 대빵이 있었다니, 세상 참 좁다는 생각이 들었다. 오늘도 평소처럼 청년들이 우렁차게 과일을 팔면서 외치고 있었다.

"복숭아 팝니다, 복숭아! 수줍어서 붉게 물든 복숭아! 먹으면 복이 와요, 복숭아!"

"문 닫기 10분 전! 오늘 마지막 남은 복숭아!"

"오늘 만나야 하는 복숭아! 천하일미 복숭아!"

밤늦은 시간이었는데도 즐거운 야채 가게는 북적거렸다. 마지막 남은 복숭아 한 박스가 거의 비워져 있었다. 언제 와도 활기가 넘치는 곳이었다. 그냥 지나칠 수 없을 정도로 재미있는 말들이 넘쳐흐르는 곳이기도 했다. 어디 그뿐인가. 가게에 들어가면 읽기만 해도 웃음이 터지는 한 줄 문장이 야채와 과일 칸의 품목마다 앙증맞은 팻말에 쓰여 있었다.

고추 먹고 맴맴? 고추 먹고 오옷!
둘이 먹다 하나가 죽어도 모를 정도로 맛있어서 미안해요. 사과 올림.
오늘 어디 가지? 집에 가지! 가지가지 해 드세요.

별 생각 없이 들어왔다가도 이런 문구를 보고 자연스럽게 고추, 사과, 가지 등을 사가게 되는 일도 많았다. 직원들은 이름표를 달고 있었다. 자신들이 직접 정하는 것인지 개성 넘치는 닉네임인 경우도 있었고 실명을 쓴 사람도 있었다.
"어서 오십쇼! 피곤한 하루 마치고 집으로 돌아가시는 길에 한번 들러주셨군요. 피로 회복엔 달달한 복숭아가 최고! 오늘 들어온 겁니다. 맛 좀 보세요."
평소 인사를 하고 지내는 직원(그의 닉네임은 '배추도사'였다)이 들고 있던 복숭아를 칼로 베어 홍 대리에게 권했다. 그의 스스럼없는 행동에 홍 대리도 복숭아 한 조각을 입으로 베어 물었다.

입 안 가득 퍼지는 달콤한 향과 과일즙에 홍 대리의 얼굴에는 미소가 떠올랐다.

"진짜 맛있다. 이렇게 맛있는 복숭아는 오랜만인 것 같네요."

"그렇죠? 오늘 평소보다 5배나 더 들여다 놨는데도 다 팔았어요."

"5배요?"

평소에도 즐거운 야채 가게는 물량이 다른 집보다 많았다. 그런데 그것보다 5배를 더 팔았다니! 오전 9시에 문을 열어서 밤 9시면 문을 닫았다. 일요일엔 문을 열지 않았고 공휴일에는 장사를 하지 않았다. 남들 쉴 때 꼬박꼬박 다 쉬면서도 즐거운 가게는 문전성시였다.

홍 대리는 젊은 직원들을 하나하나 유심히 바라보았다. 가게 문을 닫기 5분 전이었는데도 그들은 끝까지 하나라도 더 팔려고 노력하고 있었다. 이런 가게를 만든 사람이라면, 충분히 스승으로 모실 수 있을 거란 생각이 들었다.

즐거운 야채 가게가 전국에 퍼질 때까지 있었던 우여곡절을 읽으면서 홍 대리는 수열이 자신의 태도에 어이없어 한 이유를 이해할 수 있었다. 장사의 신이라고 불릴 정도로 산전수전 다 겪은 사람을 만나게 해주겠다는데 달려들지 않고 간을 보고 있었으니 그럴 만도 했다.

가게 안쪽에서 누군가 나왔다. 눈빛이 번쩍거리고 목소리가 우렁찼다. 그러면서도 장사가 즐거워서 어쩔 줄 모르겠다는 표정을 하고 있었다. 그토록 만나고 싶어 했던 대빵이었다. 홍 대리가 가까이 다가가자 대빵이 먼저 반갑게 인사를 했다.

"안녕하세요?"

"전화 드렸던 홍상인입니다."

"네. 잠깐만요. 가게 정리 금방 할게요."

대빵은 홍 대리를 보며 서글서글한 미소를 지었다. 엄격하고 까다로울 것 같았는데 직접 만나보니 인상 좋은 동네 형 같았다. 연락이 되지 않는다고 해서 포기하지 않길 잘했다는 생각이 들었다. 셔터가 내려진 가게 앞 평상에서 대빵과 마주앉았다.

"그래서 저한테 가장 궁금한 게 뭐예요?"

"궁금한 거요?"

"장사를 정말 잘하고 싶다면서요. 그럼 어떻게 하면 장사를 잘할 수 있을지 고민을 했을 거고, 실행도 해봤을 거고, 그런데도 잘 안 되는 게 있었겠죠. 어떤 점에 도움을 받고 싶으신가요? 제가 무슨 이야기를 해드리면 좋을까요?"

"아……."

바보인가 싶을 정도로 정말 '아' 소리밖에 나오지 않았다. 대빵의 책들을 읽었고 대빵에 관한 이야기를 들었다. 그런데 정작 홍 대리 자신이 하고 있는 장사에 대해 어떤 질문을 할지, 무엇을 물어볼지에 대한 생각이 없었다. 대빵을 한 번 만나는 것에만 온통 신경을 쓰다 보니 정말 중요한 것을 놓치고 말았던 것이다.

"아무 질문 없어요? 그럼 이만 헤어질까요?"

대빵의 말에 퍼뜩 정신이 들었다.

"아니오! 질문 있어요. 왜 그렇게 만나주지 않으신 거예요?"

급한 마음에 떠오르는 대로 한 질문이었지만 궁금하기도 했다.

"연락이 오면 보통 답은 해드립니다. 절 만나고 싶어 하는 분들은 장사와 관련해서거나, 제가 조금 알려진 사람이라 호기심에 전화를 하지요. 물론 저한테 연락을 주시면 감사하죠. 누군가에게 사랑을 받고 있다는 건 좋은 거잖아요. 그래서 답은 꼭 해줘요. 하지만 만나는 건 다른 문제예요. 다른 사람의 호기심을 채워줄 만큼 한가하지도 않고요."

자신이 급하다고 남의 시간 귀한 줄을 잊고 있었다. 홍 대리는 어린애 같았던 자신이 부끄러웠다.

"전 질문이 참 중요하다고 생각해요. 구구절절 자기 얘기를 하기보다 질문을 통해 상대의 생각을 들을 때 해답이 나오거든요. 그러니까 홍 대리님은 뭐가 궁금하세요?"

"그러니까……. 그게…….."

대빵만 만나면 저절로 장사의 비결을 배울 수 있을 줄 알았다. 자신이 필요한 질문을 하고 답을 얻어야 한다는 것까진 미처 생각하지 못했던 것이다. 이렇게 된 거 그냥 솔직하게 말하는 수밖에 없었다.

"죄송해요. 만나야 한다는 마음이 앞서서 그렇게까지 생각을 하지 못했어요. 그래도 꼭 만나서 장사에 대한 걸 배우고 싶었어요."

"그럼 제가 질문 하나 해볼까요? 100명이 창업했을 때 5년 후에도 여전히 장사를 지속하고 있는 사람은 몇 명일 것 같아요?"

"……."

"25명이에요."

"사분의 삼은 망한다는 거네요."

"사분의 일이 살아남는 것도 대단한 거지요. 게다가 보증금에 시설 투자까지 할 경우 감가상각비까지 계산하면 보통 2년 안에 그 이상의 이익을 내야 하구요."

"아! 감가상각비!"

감가상각비는 장사의 사각지대 같은 것이었다. 한 달 수익이 1000만 원이고 지출이 500만 원이라고 해서 수익이 500만 원은 아니었다. 만약 인테리어에 투자한 비용이 1000만 원이고 이것에 대한 재투자를 5년 후에 한다면 1년에 200만 원의 감가상각비가 발생하는 셈이다. 한 달이면 약 17만 원 정도의 감가상각비가 추가로 발생하므로 이익에서 빼고 계산해야 했다. 고정시설이 들어갈 경우 감가상각비를 제대로 계산하지 않으면 투자비를 날리는 일도 있었다.

허드렛일을 빠삭하게 알고
마다하지 않아야 해.

그래야 장사의 큰 그림을 그리고
더 큰 성공과 미래를 이룰 수 있어.

장사 초기에 준비해야 할 것은 이것뿐만이 아니었다. 투자한 돈 이후에 들어가는 재투자비용은 물론 추가 투자금까지 고려해야 했다. 이것을 빠트리고 한 달 이익을 전부 순이익으로 생각해서 좋아했다가는 손익분기점을 넘기기 어려웠다.

"말하자면 손익분기점을 알아야 해요. 투자비를 회수하는 시점이 언제인지, 어느 정도 매출을 올려야 가능한지요."

손익분기점이라면 홍 대리도 알고 있었다. 회사에서 영업 일을 하면서 배운 것이 바로 ==빠르게 손익분기점에 도달하는 일이야말로 이익과 직결된다는 점이었다. 투자금이 전혀 없다면 모를까 손익분기점에 빨리 도달하려면 고정 지출을 줄여야 했다.== 손익분기점은 투자비가 적을수록 빨리 달성되기 마련이었다.

"가게들이 왜 망하는지 알아요?"

"글쎄요. 장사가 안 되는 이유는 한두 가지가 아니어서요."

"정확하게 말하면 장사가 안 돼서 망하는 게 아니라 투자비를 회수하지 못해서 그런 거예요."

아버지가 30년 동안 한 동네에서 버틴 이유를 그제야 알 것 같았다. 더 이상 투자하지 않으려는 이유도 깨달았다. 장사는 낭만이 아니었다. 명확하도록 무서운 숫자의 세계였다. 투자한 만큼 손익분기점에 도달하지 못하면 생존 자체가 어려워질 수 있는 것이다.

"자금은 준비되셨어요?"

"모아놓은 돈 하고 퇴직금을 털어 넣으면 어찌어찌 될 것 같아요."

"어찌어찌 될 것 같다고요? 장사를 시작하면 월세, 재료비, 인건비, 공과금, 게다가 각종 세금 등 들어가야 할 돈은 정해져 있어요. 장사가 안 되더라도 월마다 꼬박꼬박 나갈 돈이죠. 초기 비용도 만만치 않고. 운 좋게 좋은 곳에 자리를 얻어도 주인이 터무니없이 월세를 올리거나 무조건 나가라고 하는 변수도 있어요."

대빵의 말에 뒷목이 뻣뻣해졌다. 알아본다고 알아봤지만 여전히 어린애처럼 뜬구름을 잡겠다고 하고 있는 거나 다름없었다.

"그럼 돈은 얼마나 있어야 하나요? 일단 퇴직금 받을 걸 모두 투자할 생각은 하고 있어요."

"퇴직금을 모두 쏟아부을 생각이에요? 전 장사에 여유자금 없이 가진 돈을 모두 올인 하는 건 반대예요. 여유자금은 반드시 갖고 있어야 하죠. 장사를 막상 시작하면 초반엔 생각보다 돈이 더 들어요. 요즘엔 이율도 낮고 정부에서 경기 부양을 위해 지원해주는 제도가 많이 있어요. 사업의 특성이나 연령에 따라 대출이 가능하기도 하고 가능하지 않기도 하고요. 대출이 가능하다고 전제했을 때 그 조건도 상황에 따라 달라요."

대빵의 말을 하나라도 놓치지 않기 위해 수첩에 적었다.

"대출을 받으면 빚에 대한 부담도 있지만 열심히 해서 빨리 갚아야겠구나 하는 긴장감도 생겨요. 마련할 수 있는 자본금이 얼마인지 정확히 계산이 나오면 본격적으로 가게를 알아보세요."

질문을 주고받다 보니 어느새 1시간이 지나 있었다. 제대로 준비도 하지 않고 온 데다 남의 귀중한 시간까지 빼앗다니 부끄러웠다. 다음에는 제대로 된 질문을 준비해야겠다고 생각했다.

"오늘 여러 가지로 중요한 말씀을 들었네요. 귀중한 시간 내주셔서 감사합니다. 다음에 한 번 더 뵈러 와도 될까요?"

"좋아요. 다음번엔 홍 대리님이 어떤 질문을 들고 올지 기대할게요."

홍 대리는 고개를 끄덕였다. 하루 종일 일을 하고 마감 시간이 훌쩍 지났는데도 대빵의 눈빛은 살아 있었다. 장사를 통해 인생을 세운 사람의 눈빛과 표정은 깊고 흔들림이 없었다.

✢ ✢ ✢

대빵을 만나고 난 뒤 자금 문제부터 해결하기로 했다. 이 과장이 잠깐 자리를 비운 틈을 타서 점심시간 전에 회사를 빠져나왔다. 대출을 받았을 때 이자는 얼마인지, 대출 가능 액수는 얼마인지 주거래 은행에 가서 직접 알아보았다. 생각보다 아쉬운 액수였다.

'친한 친구들한테 빌려볼까?'

휴대전화에 입력된 사람들의 이름을 쭉 한번 훑어보았다. 몇몇은 얘기해보면 될 것도 같았지만 이내 고개를 저었다. 되도록 손을 벌리지 않고 할 수 있는 만큼 노력해보고 친구들은 마지막 보루로 남겨두기로 했다. 대빵이 말했던 정부 지원금 쪽으로 알아보려고 소상공인시장진흥공단 홈페이지에 들어갔다.

"와우, 최대 7000만 원까지 대출이 된다고?"

자신도 모르게 목소리가 높아졌다. 그러나 자세히 읽어본 후 맥이 빠졌다. 소상공인 경영지원금은 가게를 오픈한 이후에 신청할 수 있었다. 홍 대리에게는 해당되지 않았다. 어떻게든 자금을 마련해야 했다.

그제야 아버지 생각이 났다. '올드'한 방식으로 장사를 하니 뭐니 했어도 30년 넘게 장사를 하며 가족을 돌본 분이었다. 보통 뚝심으로 할 수 있는 일이 아니었던 것이다. 묵직한 마음이 들었다. 하지만 장사를 하겠다는 마음은 이미 굳힌 뒤였다.

"사나이 홍상인! 칼을 뽑았으니 힘차게 휘둘러나 보자!"

퇴근 후 집으로 들어서자 아버지가 혼자 맥주를 마시고 있었다. 앞에 가서 말없이 잔을 채웠다. 아버지도 묵묵히 아들이 따라주는 술을 마셨다. 홍 대리는 결심 끝에 이야기를 꺼냈다.

"아버지. 저 회사 그만두고 장사하렵니다."

당장이라도 큰소리로 역정을 낼 줄 알았는데 아버지는 의외로 아무 말이 없었다. 직감으로 아들이 언젠가 이런 말을 하리라는 것을 알고 있었는지도 모른다.

"멀쩡한 회사 놔두고 왜 고생길로 나서겠다는 건지 모르겠다만."

아버지도 그 이상은 말을 아꼈다. 이번에도 반대하고 싶은 마음이 굴뚝같았지만 저 하고 싶은 일을 하겠다는데 말리기만 하는 게 최선인가 하는 생각도 들었다. 그래서 입을 다문 것이지만 마음에 들지 않는 건 마음에 들지 않는 일이었다. 홍 대리도 아버지의 심정을 이해했기에 가타부타 말을 늘어놓지 않고 고개를 숙였다.

"얼마나 필요하냐?"

"네?"

홍 대리의 눈이 커졌다.

"너무 돈 없이 시작하면 고생한다."

"아니, 아니에요. 퇴직금도 있고 대출도 좀 받으려고요."

"그래? 그럼 됐고."

아버지가 몸을 돌리더니 갑자기 텔레비전을 틀었다. 무심히 텔레비전을 보기 시작한 아버지의 옆을 떠나지도 못하고 홍 대리는 괜히 애꿎은 바닥만 손가락으로 문질렀다.

"빨리 말하지?"

그 말을 듣자마자 갑자기 속에서 뜨거운 것이 확 치밀어 올랐다. 눈물이 날 것 같아 자리에서 일어났다. 아버지가 나지막이 말했다.

"앉아봐라."

홍 대리는 눈물을 꾹 참고 다시 자리에 앉았다.

"시작도 하기 전에 마음 약해질 거면 그냥 회사 다니고."

"아니에요. 눈에 뭐가 들어가서 그래요."

자신이 생각해도 손발이 오그라들 정도로 유치한 이유였지만 달리 무슨 말을 해야 할지 떠오르지도 않았다. 어렵게 필요한 자금 얘기를 꺼냈다.

"그 정도는 도와줄 수 있다. 이자 받을 거니까 상환 날짜 철저히 지켜."

"네. 꼭 지킬게요."

"장사하면 내 맘대로 할 수 있어서 매력이라는 말들 많이 하는데, 그건 장사를 안 해봤거나, 장사해서 성공을 거두었거나, 엄청나게 긍정적인 사람이 하는 말이지. 장사를 시작하는 초보가 함부로 할 말은 아니다."

홍 대리는 고개를 숙이고 아버지의 말을 들었다.

"내 맘대로 처음부터 끝까지 한다는 건 내가 처음부터 끝까지 책임을 져야 한다는 거야."

"네. 이 산만 넘어가면 정말 잘할 수 있을 것 같아요."

아버지는 홍 대리의 말을 듣고 싱글싱글 웃었다.

"혹시 산 넘어 산이라는 말 아냐?"

"아버지, 저도 엄청 고민하고 드린 말씀이에요."

홍 대리는 이제야 긴장이 풀린 듯 아버지에게 투정을 부렸다.

"네가 벌인 판 네가 책임져야지. 그게 장사고 인간의 도리다."

홍 대리는 고개를 끄덕였다. 아버지의 장사 내공이 느껴지는 순간이었다. 한때나마 아버지를 우습게 봤던 일이 후회되었다.

"집에 돈이 많아서 그냥 장사나 해볼까 하는 사람들하고 넌 완전히 다르지. 넌 네가 하고 싶은 일을 하기 위해서 머리통 깨지면서 시작해야 할 거다. 열심히 해라. 물어보고 싶은 거 있으면 물어보고."

"그럼 하나 여쭤볼게요. 권리금이 뭐예요?"

홍 대리의 말이 끝나자마자 아버지는 혀를 찼다.

"가게에 들어가고 싶으면 내는 거고, 권리금 못 내겠으면 못 들어가는 거다."

"네?"

"장사가 잘되는 곳에는 무조건 권리금이 있다. 그것도 아주 높은 액수로. 우리나라에선 관습화되어 있어서 아무리 벗어나려고 해도 소용없어."

말하자면 권리금은 지금 장사를 하고 있는 사람이 이후에 영업을 하려는 사람에게 넘기는 유형·무형의 재산적 가치를 양도하는 것으로 보증금과 차임 이외에 지급하는 대가였다. 홍 대리는 터무니없이 비싸게 느껴지는 권리금이 불만이었다.

"권리금이라는 게 엄청 비싸더라구요."

"권리금도 모르는 녀석이 장사를 한다고? 아버지가 30년을 장사했는데, 주말마다 같이 있으면서 아무것도 안 물어보고 혼자 준비할 용기는 어디서 난 거냐?"

"헤헤. 아버지 아들이잖아요. 제가 용기 빼면 시체죠."

홍 대리는 어린아이처럼 웃었다. 아버지에게 말하는 것이 가장 큰일이었는데 뜻하지 않게 도움을 받으니 천군만마를 얻은 듯 힘이 났다.

자본금을 전부 투자하지 마라

자본금으로 얼마를 생각하든 가진 돈 전부를 투자하는 방법은 좋지 않다. 앞에서도 강조했지만 초기 투자자금만 준비금으로 여기고 창업을 시작했다가는 큰코다친다. 예상치 못한 상황에 대비해 여유 자금은 반드시 있어야 한다.

또한 일정 부분 대출을 통해 자본금을 갚아나가는 방법이 장사를 하는 데 긴장감을 유지시켜 줄 수 있다.

종자돈이 없는 경우 각종 대출을 이용할 수 있다. 산업군이나 연령에 따라 지원 조건과 지원금은 다르다. 중요한 것은 정보가 돈이라는 사실이다. 정부 지원을 받으면 사업에 따라 공간도 제공받고, 회계업무도 도움 받을 수 있다.

그러나 정부 지원을 받으려면 준비 자료와 서류가 많다는 것도 알아두자. 창업자금은 소상공인지원센터와 신용보증재단, 미소금융재단, 중소기업청, 근로복지공단 등에서 알아볼 수 있다. 또한 서민금융 지원 정책으로 햇살론, 미소금융, 새희망홀씨 등이 있다.

어디서 장사해야 할까?
아무리 봐도 모르겠다!

본격적으로 장사할 자리를 물색해야 할 차례였다. 지난번에는 뜬다는 동네로 갔지만 이번엔 익숙한 곳으로 갔다. 대학 앞 술집 골목이었다. 예전과는 많이 달라진 모습이었다.

'몇 년 만에 이렇게나 달라지다니.'

학교 다닐 때 자주 들렀던 가게는 모두 사라지고 없었다. 100개의 가게가 새로 생기면 5년 후엔 고작 25개가 살아남는다던 대빵의 말이 떠올랐다. 살아남는다는 게 대단하다던 말이 실감 났다. 중개업자를 통해 몇 군데 가게를 보아도 마음에 드는 데가 없었다. 입지조건이 맞으면 가격이 높았고 가격이 맞으면 입지조건이 나빴다.

지친 다리도 쉴 겸 목도 축일 겸 작은 선술집을 찾았다. 가게 안은 사람들로 가득 차 있었는데 나처럼 혼자 와서 한잔하는 사람도 있었다. 같이 오든 혼자 오든 눈치 보지 않고 편하게 한잔할 수 있는 분위기였다.

'여기도 장사가 잘되네? 이유가 뭘까?'

학교 앞이라 안주 값이 싸다는 이유도 있었지만, 결정적인 이유는 혼자 들어와서도 눈치 보지 않고 즐길 수 있는 편안함에 있는 것 같았다. 자신도 이런 가게를 만들고 싶었다. 장사가 잘되는 가게를 보니 용기가 났다. 경기가 어렵다고 해도 잘되는 곳은 잘되는 것이다.

토요일에 아버지 가게로 나가지 않고 회사 근처를 돌아보기로 했다. 자주 가던 카페에 들어갔다. 빈자리가 많았다.

"어서 오세요. 토요일인데 나오셨네요. 오늘도 근무하세요?"

카페 주인은 홍 대리를 알아보고 인사를 건넸다.

"아니요. 볼 일이 있어서 왔다가 커피 한잔 마시려고요."

바깥이 잘 보이는 창가에 앉아서 커피를 마시며 오가는 사람들을 살펴보았다. 제법 유동인구가 많았다. 그런데도 카페에 사람이 별로 없는 이유가 궁금했다.

"오늘은 손님이 별로 없네요."

"토요일이잖아요. 저희는 회사 분들이 주 고객이라 주말에는 사람이 없어요."

"그럼 저기 저 사람들은 다 어디 가는 거예요?"

"위쪽이 벽화마을이라 그쪽으로 가는 거예요."

"아, 그렇구나."

학교와 회사 근처라고 일주일 내내 장사가 잘되는 건 아니었다. 만약 회사 근처에 가게를 열 생각이면 평일 장사를 중심으로 해야 할 것 같았다. 중개업자를 통해 마침 나온 지 얼마 안 된 곳을 세 군데 정도 보기로 했다.

"가게 하시게요? 무슨 가게 하시려고?"

"작은 술집이요."

"마침 딱 좋은 데가 나왔는데. 한번 보세요."

중개업자는 언덕 위로 홍 대리를 데려갔다. 카페 주인이 말했던 벽화마을인지 올라가면서 곳곳에 다양한 그림이 있었다. 곳곳에서 사람들이 셀카 봉을 들고 사진을 찍고 있었고, 어느 곳에는 그림을 배경으로 사진을 찍으려고 줄을 서 있었다.

"여기 진짜 노른자예요. 권리금도 싸고 경치도 좋고요."

"권리금이 얼만데요?"

"4000만 원."

"네? 이렇게 언덕배기에 있는데 좀 비싼 거 아니에요?"

"뭘 모르시네. 장사 처음 하나 보다. 여기가 요즘 외국인 관광객도 많이 오고 얼마나 사람들이 많이 오는 곳인데. 텔레비전에도 많이 나오고. 이만한 데 못 구해요."

처음 가게를 연다고 하니 슬쩍 반말을 섞어 쓰며 사람을 깔보는 것 같아 기분이 상했다. 게다가 4000만 원씩이나 하는 권리금이 도대체 무슨 기준으로 세워졌는지 알 수 없었다. 다른 한 곳은 큰길에서 한 블록 안쪽으로 들어온 곳이었다. 깨끗하고 넓었지만 권리금은 물론 보증금과 월세까지 너무 비쌌다. 마지막으로 본 곳은 큰길에서 조금 떨어져 있었고 처음 본 곳보다 장소도 좁았다. 하지만 권리금은 가장 쌌고 월세도 적당했다. 고작 세 군데를 보았을 뿐인데 머리가 아팠다.

그 후로도 한 달 동안 틈만 나면 가게를 보러 다녔다. 요즘 떠오르는 동네라고 소문난 곳은 어디든 가보았다. 그러나 사정은 대충 비슷했다. 서른 곳이 넘는 가게를 보고 다녔어도 '딱, 여기다!'라고 느껴지는 한 군데를 결정하기가 어려웠다. 이럴 땐 역시 믿을 만한 사람에게 조언을 구하는 수밖에 없었다.

+ + +

"오! 브라더, 장사 계획은 잘되고 있어?"
"그렇잖아도 너한테 좀 물어보려고."
홍 대리는 그동안 돌아다니면서 본 가게들을 위주로 수열에게 설명했다. 대빵에게 연락하고 싶었지만 고작 한 번 만나 아직 잘 모르는데다 지난번 만남 때 질문 하나 제대로 못 했던 걸 생각하면 쉽게 용기가 나지 않았다.

"이럴 땐 나 말고 우리 스승님께 물어봐. 나야 얼마 안 된 장사꾼이잖아."

"그게, 내가 너무 준비가 안 된 상태인 것 같아서 바쁘신데 죄송하더라고."

"그러니까 대빵한테 배워야지. 괜히 장사의 신이라고 불리는 줄 알아? 우리야 모르니까 배우는 거고, 네가 열심히 하는 모습 보시면 아마 굉장히 좋아하실 걸? 병아리 키우는 마음이랄까."

"뭐? 병아리?"

"앗, 나의 실수! 넌 병아리도 아니고 계란이지, 계란. 병아리로 클지 계란 프라이가 될지 아직 모르겠지만 말이다."

뭐가 그리 우스운지 허리까지 젖히며 깔깔깔 웃는 바람에 홍 대리도 따라 웃고 말았다. 실컷 웃고 나니 마음이 가벼워졌다. 수열의 조언대로 대빵에게 연락을 하자 흔쾌히 만나주겠다고 했다.

가게가 집 근처라 끝나는 시간에 맞춰 볼 수 있는 게 다행이었다. 하루 장사를 마치고 정리가 된 가게는 텅 비어 있었고 조용했다. 들여온 물건이 다 팔린 가게를 보고 있자니 부러운 생각이 들었다. 어떤 노하우가 숨어 있을 것 같아 이곳저곳을 살폈다. 그런 홍 대리를 대빵이 지그시 바라보았다.

"왜요? 어디 이상해요?"

입지를 선정할 때는 거리에 다니는 사람들의 동선,
상가의 연속성, 오르막인지 내리막인지 등을
치밀하게 고려해야 해.

그리고 점포 규모에 따른 수용인원,
평균회전율, 객단가 등도 미리 가늠하고 있어야 해.

"아, 아닙니다. 가게가 엄청 깨끗하다는 생각이 들어서요."

"먹는 걸 파는 곳이잖아요. 깨끗한 건 당연하죠. 그동안 장사에 대해 뭐 좀 알겠던가요?"

"저번에 말씀해주신 대로 자금부터 확보했어요. 장소를 알아보러 다니는 중인데 여기다 싶은 곳이 없네요."

"마음에 드는 곳이 전혀 없었어요?"

"있긴 있었는데요……."

홍 대리는 지금까지 발품을 팔면서 다닌 곳을 죽 설명했다. 이야기를 다 듣고 난 대빵이 명쾌하게 말했다.

"가게는 고사하고 지역도 결정하지 못한 거네요."

"네, 사실 다 비슷비슷한 것 같아서 제가 잘할 수 있는 장소인지 판단하기 힘들어요."

"보러 다닌 지역 중에 가장 잘 아는 곳은 어디에요?"

"아무래도 회사나 집 근처죠. 집 근처는 유동 인구가 별로 없어서 장사하기에는 별로인 것 같고요."

"맞아요. 장사는 일단 사람이 많이 다니는 곳에서 해야죠."

"그런데 제가 다니던 학교 앞을 보니 사람이 많다고 무조건 장사가 잘되는 건 아니던데요."

"그 말도 맞아요. 한정된 자금을 가지고 장사를 시작하려면 잘 아는 곳에서 하는 게 중요해요. 역세권 가게는 누가 가서 해도 잘돼요. 하지만 그런 곳에 얻으려면 권리금이 비싸죠. 왜

일까요?"

"장사가 잘되니까요."

"빙고! 그런데 장사 잘된다는 지역이긴 한데 돈에 맞춰 후미진 곳에 얻으면 어떻게 될까요?"

"글쎄요, 그럭저럭 되지 않을까요? 그래도 유동인구가 많으니까요."

"아니요. 그 돈은 그냥 날릴 위험이 커요. 적은 자본으로 움직일 땐 생판 모르는 곳에서 시작하는 것보다 잘 아는 지역에서 시장 조사를 꾸준히 한 후에 결정하는 게 좋아요. 적은 돈으로 마음에 드는 가게를 얻으려면 그만큼 발품을 팔아야 하지만 내가 아는 데라면 유리하죠. 옥석을 가릴 수 있으니까요."

"그러면 저는 일단 회사 쪽으로 하는 게 좋겠네요."

"그렇죠. 저는 일반 주거지를 기반으로 하는 장사이기 때문에 주택가 주변에서 시작했지만 홍 대리님은 업종을 술집으로 정하셨으니 유동인구가 많고 상권이 형성돼 있는 곳이 좋겠지요."

"회사 쪽을 더 알아보는 게 좋을까요?"

"네, 이번엔 제가 미션을 드릴게요. 회사 근처에서 석 달 동안 시장 조사를 한 후 장소를 결정해보세요."

"네! 알겠습니다!"

대빵을 만나자 기운이 났다. 자신의 감이 죽지 않았다는 자신감도 솟았다. 장사가 될 만한 적격한 장소를 찾고야 말겠다는 의지가 불끈 솟았다.

"내 가게가 될 곳, 반드시 찾아내고 말겠어."

대빵의 충고대로 단골 카페를 아지트 삼아 석 달 동안 그 일대를 관찰하기 시작했다. 그리고 관찰한 것들을 하나둘 적어나갔다. 시간이 지나면서 자연스럽게 동향이 분석됐다. 사람들이 몰리는 시간은 따로 있었다. 상권이 분석되자 장소는 두 군데로 좁혀졌다. 이제 결정만 하면 됐다.

퇴근 후나 주말에 회사 근처를 열심히 돌아다니다 단골 카페에 앉아 잠깐 커피 한잔을 마시는 것이 하루의 낙이었다. 카페도 평일에는 점심부터 저녁까지 은근히 사람이 많았다. 일주일에도 몇 번씩 드나드느라 친해진 카페 주인과도 제법 말을 트게 되었다.

"사장님은 장사 시작한 지 얼마나 되셨어요?"

"3년 정도 됐어요."

"왜 이쪽에 자리를 잡으셨어요?"

"큰 사거리가 있는 게 좋았어요. 횡단보도를 중심으로 노출이 잘되고, 뒤쪽에 큰 회사가 있으니 손해는 보지 않겠구나 하는 생각이 들었죠. 오피스 상권인 데다 재작년에 공사 중이던 캠퍼스가 작년에 완공돼서 학생들 유입도 생각했고요."

"저 위쪽은 전망도 좋고 사람들도 많던데 거긴 생각 안 해보셨어요?"

"보긴 봤죠. 그런데 외국인 관광객이 많다고 해도 평일까지 올 정도는 아니고 일반 사람들은 굳이 거기까지 와서 차를 마실까 싶더라고요. 여기도 평일 상권이라 주말에는 아예 장사가 안 돼요. 문은 열어두고 있지만 사실 알바비도 안 나와요."

"조사를 많이 하셨나 보네요. 동네 특성도 잘 아시고요."

"하하하. 이곳 토박이에요. 가게라도 하나 차리시게요? 설마 카페는 아니죠?"

"네. 작은 술집을 해볼까 해서요. 혹시 근처에 열면 잘 좀 부탁드리겠습니다."

카페 주인의 설명을 듣자 갈팡질팡하던 마음이 조용해지면서 어디에서 시작해야 할지 선명해졌다. 생판 모르는 곳보다 그나마 잘 아는 곳에서 시작하기로 결정했다.

✦ ✦ ✦

이 과장에게 사표를 내밀었다. 별 다른 반응이 없었다. 시큰둥하게 사직서를 받더니 살짝 입꼬리를 씰룩거렸을 뿐이었다. 인수인계를 하는 동안에도 평소와 마찬가지였다. 걸핏하면 홍 대리를 걸고 넘어졌고, 침을 튀기며 트집을 잡았고, 작은 일에도 사사건건 시비를 걸었다.

멀게만 느껴지던 마지막 출근 날도 다가왔다.

"홍 대리님, 자주 놀러갈게요."

"이젠 대리님이 아니지. 홍 사장님!"

직원들은 아쉽다는 듯 악수를 거듭거듭 했다. 그러나 이 과장은 아니꼽다는 듯 꼬투리를 잡았다.

"장사할 생각하느라 일은 어떻게 했어? 인수인계는 제대로 한 거야?"

"네. 확실히 했습니다. 과장님, 그동안 감사했습니다."

"회사 앞에서 한다며? 손님이 우리밖에 없는 거 아냐?"

홍 대리는 하하하, 일부러 크게 웃고 말았다. 지겨운 이 과장도 오늘이 마지막이라고 생각하니 속이 다 시원했다. 마지막으로 사무실을 둘러보았다. 전역하기 전 내무반을 둘러보는 느낌과 비슷했다. 지난 회사생활이 눈앞에 주마등처럼 지나갔다.

이곳에 들어오기 위해서 얼마나 많은 노력을 했던가. 입사 최종 합격을 확인하던 PC방에서 투아웃 이사 만루에 홈런을 친 타자처럼 포효했던 기억이 떠올랐다. 일이 느려 좌절하던 순간들, 동기들 중 가장 먼저 대리를 달았을 때의 뿌듯함, 회사에 계속 있어도 되겠다는 안도감을 느꼈던 순간……. 책상을 쓱 하고 만져보니 울컥하는 마음이 올라왔다.

헤어짐은 아무리 반복해도 익숙해지지 않았다. 박스 하나에 물건들을 모두 집어넣고 회사 문을 통과했다. 직장인으로서 마지막 퇴근이었다.

잘 아는 장소에서 시작하라

처음 장사를 할 때는 자신이 잘 아는 곳에서 시작하는 것이 좋다. 해당 지역의 유동인구나 주변 상권을 알면 그만큼 유리하다. 시간을 두고 요일이나 시간대별로 구체적인 유동인구를 파악하고 주변 경쟁 업체나 상권의 분위기를 직접 현장에서 파악한다. 상권과 입지가 좋고 유동인구도 많은 곳은 당연히 가격이 비싸다. 반대로 상권도 쇠락하고 유동인구도 없는 곳은 매력이 없어 보일지도 모른다.

하지만 무조건 최고의 입지조건만 고집할 필요는 없다. 입지조건이 좋은 곳에 하나의 가게를 열 돈으로 상권이 없는 곳에 한꺼번에 7개의 가게를 열어 성공한 경우도 있다. 여기에 문화의 옷까지 덧입히면 거리 자체를 변화시킬 수 있다. 절대적인 입지조건은 없다. 자금에 따른 임대료, 주변 문화, 가까운 곳에 유명 상권의 유무 등에 따라 불리한 장소도 장사하기 좋은 곳이 되기도 한다. 중소기업청에서 운영하는 '상권분석시스템'을 이용하면 입지 선정에 대한 감을 미리 잡을 수 있다.

요일이나 시간대별로
구체적인 유동인구와 동선을 파악해야 해.

단 몇 미터 차이로 운명이 갈릴 수도 있어.

아끼고 보자!
발로 뛰는
매장 셀프 인테리어

마지막 퇴근 후 아버지와 마주 앉았다. 어렵게 들어간 회사를 그만두고 기어이 장사를 하겠다고 나선 아들이었다. 처음엔 반대했지만 막상 일을 벌이자 아버지는 누구보다 힘이 되어주었다.

"곧 인테리어 들어가요."

"이제 진짜 시작하는구나. 인테리어 업체는 정했니?"

"몇 군데에서 견적을 받았는데 너무 많이 나왔어요."

"오픈 늦추면 월세만 많이 나가. 최대한 빨리 하는 게 좋을 거다."

"걱정 마세요. 제 손재주 아시잖아요."

홍 대리의 능글거리는 웃음을 보며 아버지는 눈이 휘둥그레졌다.

"직접 하게?"

"저만 한 황금손이 없어요. 비용 때문이기도 하지만 제 가게 니 하고 싶은 대로 꾸며보려고요."

"쉽지 않을 텐데. 알아서 해라."

고개를 갸웃하는 아버지의 모습을 보면서도 홍 대리는 전혀 걱정하지 않았다. 큰소리로 웃기까지 했다. 자신이 있었다. 그러나 그때 알았어야 했다. 이 웃음은 철이 없어서 가능했다는 것을.

처음부터 인테리어를 모두 직접 하겠다고 나섰던 건 아니었다. 가계약을 할 때만 해도 구상은 본인이 해도 시공은 인테리어 업자에게 맡길 생각이었다. 머릿속 구상은 완벽했다. 앉아 있으면 모던한 느낌이 절로 흐르는, 도시남녀가 된 기분을 물씬 느낄 수 있는 가게를 만들고 싶었다.

인터넷을 뒤져 국내외 인테리어 사진을 모은 것만 족히 1000장은 됐다. 그중에서 가게의 콘셉트에 맞는 걸 선택하는 데만도 꼬박 며칠이 걸렸지만 선택을 하고 나니 '나는 이런 데도 감각이 있구나' 하고 감탄했다. 모든 것이 가능할 것 같았다. 딱 한 가지만 제외하고 말이다.

"그놈의 돈!"

인테리어 업체의 사람들을 만나면서 비용이 계속 달라지는 것을 보며 뭔가 사기를 당하는 느낌이 들었다. 전기나 가스 등 기본적인 시설 공사를 제외하고는 직접 해야겠다고 생각했다.

"뭐 그렇게 힘들겠어? 몸살 나면 하루 이틀 누워 있으면 되지."

몇 년 전 자기 방을 직접 셀프 인테리어로 바꾼 적도 있었다. 이번에도 크게 다르진 않을 것이라고 생각했다. 필요한 물품을 사기 위해 을지로 일대를 샅샅이 훑었다. 이후 홍 대리 인생에서 손꼽히게 될 '삽질의 역사' 가게 셀프 인테리어가 이렇게 시작되었다.

첫째 날은 인테리어 가게를 돌아다니면서 이것저것 사다 보니 발품을 판 것보다 더 비싼 주차비가 나왔다. 둘째 날부터는 차를 두고 나왔다. 똑같은 제품인데도 가게마다 가격이 달랐다. 1000원이라도 아끼려고 무거운 짐을 들고 오느라 어깨가 빠질 것 같았다.

어느 날은 사온 물건과 생각했던 물건이 서로 어울리지 않았다. 하나도 쉬운 게 없었고, 단번에 되는 것도 없었다. 그러나 자신의 가게, 그 한 가지만 생각하면 신이 났다. 기본적인 전기 공사를 마치고 드디어 본격적으로 작업을 시작하는 날, 홍 대리는 새벽같이 가게로 나갔다. 의기양양하게 장갑을 끼고 앞머리를 훅, 불어 넘겼다.

"술집에 벽지라니, 어울리지 않아. 다 없애주겠어!"

정신없이 벽지를 떼어내자 가게 안은 종이먼지와 벽에 숨어 있던 먼지가 합쳐져 뿌옇게 변했다. 한동안 흩날리는 먼지 때문에 켁켁 거렸지만, 기분은 좋았다.

"이제부터 시작이라고!"

벽에 박혀 있는 못 자국을 메우고 초벌 페인트칠을 시작했다. 문제는 천장이었다. 상상했던 것보다 10배 이상 힘들었다. 1시간도 되지 않아 뒷목이 떨어져나갈 것처럼 아팠다. 그러나 이를 악 물었다. 시간이 지날수록 노동의 대가가 진가를 발휘했다. 한 번 초벌을 하고 공을 들여 두 번 바르고 나자 공간이 몰라보게 깔끔해졌다. 세 번을 바르니 눈부시게 빛났다.

"오, 예뻐! 예뻐! 아이고……."

눈은 즐거운데 온몸의 관절이 마디마디 끊어져나갈 듯 아팠다.

"이건 고생도 아니지. 홍상인, 엄살 부리지 마!"

눈에 띄게 변해가는 가게를 보는 일은 즐거웠지만 그보다 더 눈에 띄게 체력이 고갈되었다. 일은 벌였지만 뒤늦게 아쉬운 점이 한두 가지가 아니었다. 기존의 집기 중에 리폼을 해서 쓸 만한 것들도 있었다.

하지만 마음에 쏙 드는 물건들은 아니었다.

페인트칠과 바닥 공사를 비롯해 조명과 스피커, 테이블, 의자 색깔에 이르기까지 가게 이름에 맞춰 생각한 분위기가 있었다. 기본 컬러는 화이트 앤 블랙으로 하되 레드로 강조하는 콘셉트였다. 가게 이름을 떠올리곤 싱글벙글 웃었다. 자신이 생각해도 이름 하나는 기가 막히게 잘 지은 것 같았다. 불이 들어온 간판을 상상하자 가슴이 뛰었다.

다음 날도 아침 일찍부터 일을 시작했다. 페인트칠로 자신감이 충만해진 터라 바닥도 할 만할 것 같았다. 머릿속에 그려둔 이상적인 바닥은 콘크리트가 노출된 상태에서 너무 번쩍거리지 않는 바닥이었다. 그러나 현실의 바닥엔 합판마루가 깔려 있었다. 꼬질꼬질 때가 낀 바닥을 보다가 비장한 표정으로 마루를 하나하나 뜯었다. 2시간쯤 지나자 손이 얼얼해지면서 감각도 사라지고 급기야 손이 굳어서 잘 움직이지 않았.

삼동이가 잠깐 들렀다가 바닥에 납작 군만두처럼 붙어 있는 홍 대리를 보고는 초코파이 한 박스와 음료수를 올려놓더니 "네, 사장님. 형님은요……"라며 오지도 않은 전화를 받는 척하며 나갔다. 삼동이를 붙잡을 힘도 없어 펴지지 않는 허리와 다리를 겨우 움직여 초코파이 하나를 집었다.

에너지 보충과 함께 군대생활을 떠올렸다. 전역 이후 가장 높은 강도의 육체노동이었다. 초코파이를 먹고 나자 한 발자국도

움직이고 싶지 않았다. 바닥에 벌렁 누워버렸다. 고개를 돌리자 눈앞에 시커먼 게 보였다.

"저긴 또 왜 이렇게 더러워? 안 돼. 보지 마……. 보면 안 돼……."

그러고 나서 정신을 잃었다. 정신없이 곯아떨어져서 한숨 자고 일어나자 뼈마디가 죽겠다며 삐그덕거렸다. 한 걸음 한 걸음 걸을 때마다 저절로 으윽, 으악, 아윽, 비명이 나왔다. 바닥을 긁어내는 데 이틀하고도 반나절을 보낸 후 바닥공사에 들어갔다. 이번엔 혼자가 아니었다. 자신이 바닥에 붙어 있는 꼴을 보고도 그냥 내뺀 삼동이가 얄미워서 일부러 도와달라고 부른 것이다.

"어휴, 저 바닥을 혼자 다 뜯어내셨어요? 저한테 전화하시지."

"하하하. 그래. 초코파이 먹느라고 전화를 못 했네."

"하하하하. 형도 참. 일할 땐 초코파이만 한 게 없죠."

둘은 옥신각신하면서 바닥 공사를 끝냈다. 확실히 혼자 할 때보다 일의 속도가 빨랐다. 천장과 벽과 바닥을 했으니 반은 끝낸 거나 다름없었다. 그런데 생각지도 못했던 복병이 기다리고 있었다.

가게 문을 열고 들어왔을 때 마주보는 벽에 붉은 색 타일을 붙여 포인트를 주고 싶었다. 타일을 붙이는 일은 시간이 지나면서 조금 익숙해졌다. 문제는 쭈그리고 앉아 아래쪽을 붙여서

다리가 저린 것도 위쪽을 붙이느라 목이랑 어깨가 아픈 것도 아니었다. 타일이 말라야 다음 단계를 진행할 수 있다는 것이었다. 타일 마를 때까지 마냥 기다릴 수만은 없었다.

"아자, 아자! 홍상인! 힘내자! 기다리는 시간에 다른 걸 하자고."

짬짬이 황학동 일대를 돌면서 집기들을 구경했다. 효율적인 공간 구성과 최적의 동선 확보를 염두에 두고 테이블 모양과 크기, 개수 등을 생각했다. 드디어 타일 붙이는 일이 끝났다. 인테리어에 쓰일 소품과 가게 집기들도 속속 도착했다. 마지막으로 조명만 달면 가게는 완성이었다. 그런데 조명을 달기도 전에 비명을 지를 만한 일이 터졌다.

"주인인데, 한 달 지났잖아요. 오늘까지 월세 넣어주세요."
"네? 네!"

정말 눈 깜짝할 새 한 달이 지나 있었다. 쉴 틈도 없이 미친 듯이 뛰어다닌 한 달이었다. 그런데 장사는 시작도 못 하고 월세만 고스란히 바치게 된 셈이었다. ==장사에서 기다리고 지연되고 멈추었던 시간은 곧 돈이었다. 오픈을 못 해도, 몸이 아파 하루만 문을 닫아도, 천재지변으로 장사가 안 되어도 시간이 지나면 손해가 나고 비용이 발생했다.== 그야말로 울고 싶었다. 쓰린 속을 달래며 월세를 이체했다. 하지만 오픈을 하려면 좀 더 시간이 필요했다.

효율적인 공간구성과
최적의 동선 확보를 염두에 두고
주방자재, 식기, 테이블 모양과 크기,
개수 등을 생각해야 해.

'인건비 아껴보겠다고 직접 인테리어를 했는데 배보다 배꼽이 더 큰 거 아냐? 어디, 계산 좀 해보자.'

계산기를 두드려보았다. 하루에 두 명이 10일 동안 일한다고 하면 거의 400만 원 가까운 돈이 들었다. 인건비에 재료비까지 따지면 자신이 아낀 돈은 500만 원이 넘었다. 몸이 고되긴 했지만 몇 달치 월세를 내고도 남는 돈이었다. 그제야 숨이 길게 쉬어졌다.

'휴, 손해는 아니었네. 생고생하고 돈까지 손해 봤으면 속 쓰려서 어쩔 뻔했어.'

셀프 인테리어가 확실히 이익이었다는 것을 확인하자 기운이 났다. 곧바로 조명 다는 일에 착수했다. 인테리어에서 가장 염두에 둔 부분은 조명이었다. '공간은 조명으로 완성된다'는 수열의 조언 덕분이었다.

늦은 밤, 조명을 밝히자 은은한 불빛에 드러난 테이블과 의자의 자태가 그렇게 고와 보일 수가 없었다. 과하지 않게 멋스러운 조명은 그 자체로도 인테리어 효과가 컸지만 음식 맛을 돋우고 공간을 편안하게 감싸주었다. 마지막으로 간판 불을 켰다.

레드 3.0

간판에 환하게 불이 들어오자 환호성이 저절로 터졌다.

"끝났다!"

감격스러운 순간이었다. 가게 이름을 무엇으로 할까 엄청나게 고민을 했다. 후보로 생각한 이름만 열 개가 넘었다. 오일러처럼 인상적이면서도 개성 있는 가게를 만들고 싶었다. 나름대로 의미를 담아 만든 이름이었다. 홍 씨 성을 영단어 레드로 표현하고, 누구라도 3잔 이상 마시고 갈 만큼 즐겁고 유쾌한 술집을 만들겠다는 야심을 담은 이름이었다.

하지만 진짜 이유는 더 단순했다. 3은 자신이 가장 좋아하는 숫자였다. 어렸을 때부터 세 박자를 좋아했다. 과거-현재-미래, 천-지-인, 너-나-우리, 엄마-아빠-아이 등 남들이 들으면 웃을지도 모르지만 3이라는 숫자는 어딘가 마음을 편안하게 하는 데가 있었다. 좋아하는 가게니 좋아하는 숫자를 붙이고 싶었다.

긴장이 풀리자 다시금 뼈마디가 쑤셔왔다. 마비 직전의 몸을 이끌고 사우나로 직행했다. 뜨거운 물에 몸을 담그고 피로를 풀고 싶었다. 사우나 거울에 비친 모습은 인간의 몰골이 아니었다. 볼이 움푹 파였고 두 눈도 퀭했다. 체중계에 올라갔다. 숫자가 이상했다.

"헉! 고장 난 거 아냐? 도대체 몇 킬로그램이 빠진 거야?"

고되긴 고됐던 모양이었다. 무려 5킬로그램이 빠져 있었다. 뜨거운 물에 몸을 담그니 피로감은 물론 숨어 있던 노곤함마저 몰려왔다. 자신이 그 모든 일을 했다는 걸 믿을 수가 없었다. 꿈에 그리던 오픈을 생각하니 입가에 웃음이 새어 나왔다.

"호호호. 홍상인 죽지 않았어. 드디어 오픈이다!"

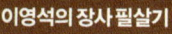

셀프 인테리어를 생각한다면 비용절감과 시간 중에서 선택하라!

규모가 큰 경우에는 인테리어 업체에 맡기지만 규모가 작은 경우, 전기공사 등 전문적인 부분을 제외한 셀프 인테리어가 가능하다. 어떤 부분을 업체에 맡기고 어떤 부분을 직접 할 것인지 노동과 시간, 효과를 고려한다.

셀프 인테리어를 할 경우 비용절감 대비 시간 싸움이라는 것을 잊지 말자. 인터넷과 책의 도움을 받아 가게 아이템과 사업방향에 맞는 콘셉트를 정해도 경험이 부족하면 실제와 상상은 다를 수 있다.

인테리어를 통해 가게의 콘셉트를 분명하게 잡자. 중구난방의 인테리어 소품 조합은 자칫 가게의 이미지를 망칠 수도 있다. 인테리어 서적, 전문가의 조언, 발품 등 부지런히 조사하고 실행하자. 가게 콘셉트에 맞는 소품은 오픈 마켓, 을지로 가구·조명거리, 황학동 가구거리, 방산시장 등을 이용할 수 있다.

'오픈발'에 속지 말자, 장사 전쟁은 이제부터다!

"사장님!"

아직 익숙하지 않는 소리였다.

"화환은 여기 놓을게요. 사인 하나만 부탁드립니다."

수열이 보낸 화환이었다. 고등학교 및 대학교 동창회에서 보낸 것, 다니던 회사에서 보낸 것도 있었다. 축하 화환이 끊이지 않았다. 사회생활을 헛되게 하진 않았다고 뿌듯한 마음이 들 정도였다.

"번창하세요!"

이제 정말 새로운 시작이었다. 홍 대리, 아니 홍 사장은 레드 3.0을 둘러보았다.

'이제 시작이구나. 내 가게, 내 장사다.'

오픈 예정 현수막을 뗐다. 오픈을 하자마자 손님들이 끊임없이 찾아왔다. 별다른 홍보도 하지 않고 지인들에게만 알렸는데도 문을 열자마자 성황이었다. 새로 생긴 가게라고 호기심에 찾아온 사람들도 있었다. '오픈발'이라는 말이 그냥 있는 것이 아닌가 보았다.

"어이, 홍 사장."

돌아보니 대학 동기들이었다.

"우리 오늘 많이 마실 거다."

"취하면 경찰 부를 거니까 알아서 해라. 하하하."

자신이 출발하는 시점에 친구들이 온 것이 고마웠다.

"홍 대리님."

어디선가 익숙한 목소리가 들렸다. 회사 직원들도 오픈 날을 잊지 않고 와주었다.

"이젠 홍 사장님이라고 불러야 하는 건가요? 아직도 우리는 홍 대리님을 못 보내드렸나 봐요. 대리님이 입에 붙어 있는 걸 보니."

"과장님은?"

홍 사장은 작은 소리로 물었다.

"오늘도 워커홀릭 모드죠 뭐. 같이 오시면 저희 술발 못 올려요. 안주 맛있는 걸로 주세요. 인테리어가 산뜻하고 좋은데요."

홍 사장 얼굴에 웃음이 떠나지 않았다. 첫날인데도 레드 3.0이 들썩일 정도로 북적거렸다. 지인들이 많이 온 것은 물론 오픈이라고 주류업체에서 생맥주도 지원해주었다. 업체 사람들도 나와서 적극적으로 도와준 덕분에 가게 앞을 지나가던 사람들까지 들어온 것 같았다. 오늘만 같으라고 마음속으로 쾌재를 불렀다.

✦ ✦ ✦

시간은 빠르게 지나갔다. 아침에는 장을 보고 점심에 잠깐 쉬었다가 오후 5시에 문을 열고 새벽 1시까지 일을 하는 생활이 이어졌다. 하루 일정이 끝나고 쓰는 장사일기가 피가 되고 살이 됐다. 매상을 정리하고 오늘은 어떤 메뉴가 많이 나갔는지, 어떤 손님이 왔는지, 누구 명함을 받았는지 돌아보면 매일 조금씩 성장할 수 있었다.

매상을 보니 그동안 꾹 참고 회사를 다닌 날들이 조금은 허탈해졌다. 지인들의 도움이 컸지만, 돈을 벌기 위해서만 회사를 다녔다면 정말 억울할 뻔했다는 생각이 들었다. 그만큼 매출이 괜찮았다.

하루에도 몇 번씩 통장을 열어보면서 싱글거린다는 할머니의 이야기를 듣고 좀 과하다는 생각이 들었었는데, 그 입장이 되어 보니 충분히 이해가 갔다. 이 여세를 몰아 최대한 빠른 시일 내에 자리를 잡겠다는 목표만이 전부였다. 가게 문이 열리는 소리가 들렸다. 자동적으로 인사가 나왔다.

"어서 오세요!"

"형!"

아버지와 삼동이였다.

"삼동아. 어? 아버지까지 오셨네. 가게 끝났어요?"

"그래. 오늘은 닭이 떨어져서 나도 배짱 좋게 일찍 문 한번 닫아봤다."

"형, 우리도 장난 아니야. 가게 엄청 잘된다고요!"

"아버지는 내 말은 안 들으시더니……."

삼동이가 친구들과 가끔 레드 3.0에 들른 후부터 아버지에게 건의를 해서 조금씩 바꿔가고 있는 모양이었다. 아들의 말은 절대 안 듣던 아버지가 이상하게도 삼동이의 말은 듣는 듯했다. 아버지는 가게 안을 꼼꼼히 둘러보았다.

"장사는 어떠냐?"

"돈 생각만 하면 회사 다닐 때보다 훨씬 낫죠. 이 기세로는 아버지께 빌린 돈 금방 갚을 수 있을 것 같아요."

"손익분기점은 언제쯤 넘을 수 있을 것 같냐?"

"어제보다 오늘 많이 팔고, 오늘보다 내일 많이 팔면 금방 넘기지 않겠습니까? 하하하!"

홍 사장은 넉살 좋게 웃었다. 아버지도 같이 웃긴 했지만 좀 걱정스러운 눈빛이었다.

"농담이구요. 손익분기점 계산해보니까 월 매출이 400만 원이면 되더라고요. 하루 매출 16만 원인 거죠. 이 정도는 할 수 있습니다."

"내 이럴 줄 알았다. 이놈아, 네 월급은?"

아버지는 혀를 끌끌 찼다. 홍 사장은 손사래를 치며 말했다.

"저요? 에이, 벌써 제 월급을 가져가요? 아직은 괜찮아요."

"처음부터 괜찮을 생각을 해야지. 아니, 세상에 어느 누가 손익분기점 맞추려고 장사하나, 수익을 남기려고 장사하지. 네 월급도 못 가져가면 제대로 장사한 거 아니다."

"인테리어를 직접 했잖아요. 초기 투자비용이 그다지 많지 않아요."

"다 좋은데 네 성격이 워낙 퍼주는 거 좋아해서 남는 게 없을까 걱정이다. 정신 똑바로 차리고 해."

'이렇게 장사에 빠삭하신 분이 왜 한동안 가게 운영이 그렇게 안 됐던 거지?'

홍 사장은 아버지의 이야기를 들으면서 고개를 갸웃거렸다. 자신이 아버지의 가게에서 일을 할 땐 도무지 돈 생각은 안 하는 양반인 듯 했는데 아들 가게는 마음이 다른가 보았다.

'사람을 놓치지 않으면 결국 돈은 따라올 거야. 일단 내 주관대로 하자. 많이 베풀어야 그만큼 들어오지.'

홍 사장의 생각은 틀리지 않았다. 날이 갈수록 사람들이 많이 왔고, 하나하나 신경 쓴 가게에 많은 사람들이 엄지손가락을 치켜세웠다. 단골들이 SNS를 통해 레드 3.0을 매력적인 곳으로 알리기 시작하면서 멀리서도 찾아오기 시작했다. 신이 나서 심장이 두근대고 온몸이 짜릿했다.

온라인으로 입소문을 타고 가는 것뿐만 아니라 오프라인에서도 레드 3.0의 매력을 어필해야 했기 때문에 마케팅을 계속했다. 레드 3.0을 어필하기 위해 고추장이 들어가는 붉은 색 안주를 특별할인하고, 손님이 가장 뜸한 요일을 선정해서 5시부터 8시까지 3시간 동안 인기 많은 수입맥주 3병을 묶어 패키지 할인을 했다.

고객카드를 만들어서 새로운 재료가 들어오거나 행사를 할 때 문자를 보냈다. 한두 번 온 고객이 부담을 느끼지 않게 하는 것도 중요했다. 상대가 부담스러워하지 않을 정도의 배려와 센스도 앞으로 배워야 할 과제였다.

✦✦✦

제일 바쁜 목요일이었다. 주방 아주머니는 주방만 맡기에도

'될 대로 되라'는 마음가짐으로
장사하는 사람은 없어.

벼랑 끝에 나를 세우고,
오직 이 길밖에 없다는 마음으로
장사에 전념해야 해.

벅찼고, 홍 사장은 홍 사장 나름대로 서빙 보랴, 계산하랴 정신이 하나도 없었다. 그 사이 샐러드에 들어가는 양상추와 돼지볶음과 함께 나가는 숙주 등 신선제품이 바닥나서 안주 몇 가지가 나가지 못하는 불상사가 일어났다.

"네? 이것도 안 되고 저것도 안 되고, 되는 게 없네요."
"죄송합니다. 손님. 이 세 가지만 빼면 다 가능합니다."
"난 이거 먹고 싶은데, 그럼 추천할 건 뭐가 있어요?"
"수제햄과 감자요리는 어떠세요?"
"맥주 안주로는 배부른데. 그냥 이것만 먹고 갈게요."
"죄송합니다. 다음에 오시면 제대로 서비스 해드릴게요. 꼭 오세요."

신선제품은 좋은 걸 구매하겠다고 발품을 팔아가며 매일 아침 장을 봐서 사왔다. 그러나 수요를 맞추는 일이 어려웠다. 어떨 땐 남았고 어떨 땐 모자랐다. 이곳저곳 다니며 싸고 좋은 재료로 샀다고 생각했는데 오늘 구매한 것은 상태도 좋지 않아서 씻으며 버린 양도 꽤 됐다. 아직 손님이 몇 테이블에 앉아 있는데 주방 아주머니가 홍 사장을 불렀다.

"시간 넘었는데. 가도 되지?"
"네? 네, 그러셔야죠."

시간제로 일하는 주방 아주머니는 시간이 되자 칼같이 퇴근을 했다. 손님이 빠진 후 테이블을 치우고 그릇을 주방에 가져가자 설거지 그릇이 수북했다. 바닥에 떨어진 야채 이파리며 음식 찌꺼기를 보니 한숨이 났다. 그대로 두고 집에 가서 눕고 싶었다. 대충 정리만 해도 새벽 3시가 넘을 것 같았다.

결국 다음 날 제 시간에 일어나지 못했다. 부리나케 근처 마트에서 장을 보았다. 평소보다 재료비가 더 나왔다. 나쁜 일은 줄줄이 사탕처럼 이어졌다. 주말이 되자 손님이 거의 없었다. 카페 주인 말대로 회사와 학교가 있는 지역이라 그런지 주말엔 전기 값도 안 나올 정도로 매출이 낮았다. 주말 장사를 접어야 하는 게 아닐까 하는 생각마저 들었다.

월요일에는 주말에 사다놓은 야채가 있으니 아침 장은 건너뛰기로 했다. 그러나 예상은 처참히 무너졌다. 막상 냉장고를 열어보니 야채는 시들해져서 안주거리로 쓸 수 없을 지경이었다. 늦게까지 장사를 하고 다음 날 장까지 보는 것은 무리였다. 제품의 재고량은 예상과는 다른 부분이 많았다. 하루 매상도 제품 구입이 일정치 않으니 달라질 수밖에 없었다. 게다가 평일에도 조금씩 매출이 줄고 있었다.

'이상해. 뭐지? 왜 이러지?'

뭔가 조금씩 어그러지는 기분이 들었다.

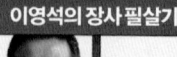

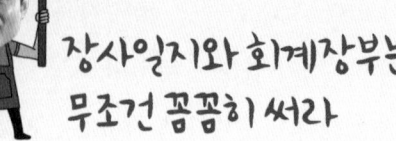

장사일지를 통해 하루에 있었던 일이나 고객에 대한 간단한 정보 등을 기록해보자. 이를 바탕으로 고객의 재방문이나 재주문 시, 그 고객의 특징을 기억하고 배려한다. 고객은 자신을 알아주는 곳에 감동을 느낀다. 그런 식으로 어떻게 하면 장사를 잘할 수 있을지 계속 생각하다 보면 한 단계, 두 단계 앞서가는 장사꾼이 된다.

일주일마다 지난주 장사를 점검하며 장사가 잘되거나 잘되지 않은 원인을 파악하고 손님과 어떻게 관계를 맺고 있는지 살펴본다. 매일 간단하게 몇 줄 적어두는 것만으로도 장사의 흐름을 파악할 수 있다.

회계장부는 매일 수입과 지출을 기록하되 달별로 기록해 한 달 동안 장사한 결과를 한눈에 볼 수 있도록 한다. 장사는 숫자가 보여준다. 달마다 비교하고 분석하면 어디에서 돈이 새는지, 어디에 더 투자를 해야 하는지 감을 잡을 수 있다. 특히, 매출액 중 부가가치세는 따로 적어둔다. 부가가치세는 수입에 포함되는 것이 아니라 앞으로 내야 할 세금이라는 것을 명심하자!

1. 장사일지의 예시

2016년 10월 1일

비가 내린 탓인지 매출이 어제보다 30퍼센트 떨어졌다. 고작 12테이블. 장사는 날씨와 계절의 영향에 민감하다. 하지만 날씨를 내 마음대로 할 수 있는 것도 아닌데 손 놓고 앉아서 나쁜 날씨 탓만 할 수는 없다. 날씨를 오히려 기회로 만들 수 있지 않을까? 날씨 마케팅 조사를 해보고 우리 가게에 맞게 적용해보자.

2016년 10월 5일

낮에는 낙지볶음으로 유명한 가게에 갔다. 매장에서 먹는 손님도 많았지만 배달 주문도 많았다. 시장 상권을 잘 이용하는 듯했다. 물건을 사러 왔다가 들러서 먹는 손님이 많은 것 같았다. 우리 가게도 주변 고객들을 유입할 수 있는 여지가 많은데 내가 놓치고 있는 부분들은 뭘까?

2. 회계장부의 예시

	지출일·지출처	지급방식	비고	수입	지출
총매출	카드매출 100%, 부가세 10%			12,000,000	
카드수수료	신용카드매출의 평균 1.7%				153,000
임대료	10월 1일~ 10월 30일	계좌이체	통장증빙		600,000
수도&정화조 요금	농협카드 출금	카드	카드내역		128,000
BC 농협카드	10월 27일 결제분	카드	카드내역		112,000
삼성아멕스카드	10월 14일 결제분	카드	카드내역		318,000
현대카드	10월 14일 결제분	카드	카드내역		143,000
닭	○○상회	계좌이체	세금계산서		128,000
테이크아웃 용품	방산시장	계좌이체	세금계산서		63,000
포장용품	방산시장 (거산포장, 9월 4일)	계좌이체	세금계산서		31,000
식빵	3EA×4회	현금	세금계산서		28,000
제철과일 - 딸기	종로시장	현금	계산서		40,000
야채-양상추, 토마토, 오이	경동시장	현금	계산서		50,000
연어 10kg	○○수산	계좌이체	세금계산서		210,000
주방용가스	○○가스	현금	세금계산서		87,600
정수기 교체 및 머신수리	정수기 교체, 머신헤드 수리	계좌이체	세금계산서		500,000
인건비	아르바이트	계좌이체	통장증빙		250,000
기타	잡비(소모품 및 간식대 등)	현금 및 카드	간이영수증/ 카드내역		31,500
합계					9,126,900

어떻게 하면 장사를 잘할 수 있을지
생각하고 또 생각해.

그러다 보면 어느 새 한 단계, 두 단계
앞서가는 장사꾼이 될 수 있어.

장사보다 힘든 직원 관리, 주인의식을 강요하지 마라

2주가 지나자 손님이 눈에 띄게 줄었다. 그나마도 30퍼센트 할인 이벤트 때문에 겨우 좌석이 어느 정도 찰 만큼 유지되고 있었다. 휴대폰이 울렸다. 수열이었다.

"오, 나의 구세주. 마침 전화 잘했다."

"왜? 무슨 일 있어?"

"식자재 어디서 사냐?"

"경동시장."

"그래? 거기도 한번 가봐야겠네."

"그동안은 어디 갔었는데?"

"가락시장이나 동네 시장. 아니면 창고형 대형마트. 싼 데 찾느라고 체력 바닥나서 기어 다니시겠다."

"하하하. 발품 판다고 꽤나 싸돌아다녔구만. 그러나 어쩌냐. 체력은 저질, 몸은 하나. 그치?"

"가게 보랴, 재료 사다 나르랴, 이러다 내가 죽겠다."

"무식한 놈. 매일 재료를 사러 다녔냐? 시간도 비용도 너무 낭비야. 정작 일을 해야 할 때 피곤하기만 할 거고."

"안 그래도 밤마다 떡실신이야."

"음식점이나 술집은 식자재 거래처가 엄청 중요해. 물론 너처럼 직접 뛰어서 사는 사람들도 있지만, 보통은 안정적으로 편하게 거래처를 이용하지."

"난 소규모라서 아직 대량으로 받기도 좀 그렇고, 알아보긴 했는데 단가가 세더라."

"그럼 장 보는 걸 일주일에 두 번 정도로 줄여봐. 신선도가 높은 걸 사면 유통기한은 길어지니까."

"일단 그렇게 해봐야겠다. 고마워, 브라더."

"마이 브라더! 난 언제나 널 응원한다."

"손발이 오그라들어서 끊어야겠다. 오버."

장사를 시작한 후 힘든 고비를 넘길 때마다 수열은 번번이 기댈 수 있는 어깨가 되어주었다. 전화를 통해서든 만나서든 그때마다 해주는 한마디가 힘이 됐다. 가끔 던지는 엉뚱한 이야기조차 웃음으로 바뀌어 어려운 순간을 잊게 만들었다.

"그래, 다시 힘내자."

가게 문을 열기 전에 재료를 다듬고 준비하고 있는데 뭔가 이상한 기분이 들었다. 주방 아주머니의 출근 시간이 30분이나 지나 있었다. 급히 전화를 했지만 받지 않았다. 아주머니는 출근 시간에서 1시간을 넘기고야 나타났다.

"무슨 일 있으셨어요?"
"우리 손주가 아프다고 해서, 병원에 좀 같이 가느라."
"이런, 손주는 괜찮고요?"
"응, 애들이 뭐 그렇지. 수시로 아프기도 하고."
"그래도 다음부터는 미리 연락을 해주세요."
"알았어."

그러나 알았다는 말과 달리 한 번 두 번 지각을 하기 시작한 주방 아주머니는 일주일에 몇 번씩 10분에서 30분씩 늦게 나타났다. 그럴 때마다 주의를 주긴 했지만 끓어오르는 마음을 억누르느라 매번 스트레스를 받았다. 급기야 문제가 터졌다. 화요일 오후 늦게 주방 아주머니가 아파서 못 나오겠다는 문자를 보내왔다.

피가 하얗게 식는 것 같았다. 머릿속이 텅 비면서 패닉 상태가 되었다. 털썩 의자에 주저앉았다. 주방 아주머니가 없으면 장사를 할 수가 없었다. 자신이 할 줄 아는 것은 마른안주를 그릇에 담는 일뿐이었다.

'오늘 장사는 맥주에 마른안주만 된다고 할까?'

진지하게 고민했다. 하지만 고개를 저었다. 가게 이미지만 이상해질 것 같았다. 울며 겨자 먹기로 가게 문을 닫았다. 하지만 차마 가게를 비워둘 수는 없어서 '오늘 휴무'라고 써 붙이고 홀에 멍하니 앉아 있었다. 간단한 안주라도 만들 수 있도록 요리를 배워두지 않은 것을 땅을 치며 후회했다. 바쁘지도 않고 배도 고프지 않는데 혼이 쏙 빠져나갔다.

우두커니 시간을 보내도 시간은 째깍째깍 잘도 지났고 어느새 평소라면 영업 마감을 했을 시간이 되었다. 눈 뜨고 허탕 친 하루가 속 쓰렸다. 위로가 필요한 순간이었다. 자신도 모르게 수열에게 전화를 걸고 있었다. 잠깐이라도 수열과 이야기를 나누고 싶었다. 수열은 마침 가게 문을 닫은 참이라며 놀란 토끼눈으로 레드 3.0으로 왔다.

"얼굴이 왜 그래?"

"야, 나 오늘 죽는 줄 알았다."

주방 아주머니의 무단결근을 수열에게 쏟아냈다.

"알바들의 무단결근은 주인의 큰 숙제지. 언제 일어날지 모르는 일이니까."

"그런데 왜 잠수를 타는 거냐? 돌고래야? 왜 그래?"

"이유야 많지. 갑자기 아파서, 갑자기 집에 일이 생겨서, 갑자기 내가 탄 버스가 사고가 나서, 갑자기 지하철이 안 와서, 갑자기……."

"됐다. 그만해라. 머리만 더 아프다.

"그 정도는 약과야. 알바가 안 와서 전화하면 더 기막힌 일들 많아. 한번은 무단결근한 알바한테 전화했더니 나중에 알바 아버지가 전화해서는 다짜고짜 쌍욕을 퍼붓더라. 우리 애 왜 괴롭히느냐고. 그러니 애가 안 나간다는 소리 하는 거 아니냐고. 다시는 찾지 말라고 고래고래 소리 지르곤 뚝 끊더라고."

"……."

"오늘 장사는 어떻게 했어? 너 혼자 서빙이랑 계산 맡는 것도 무리야."

"알바를 한 명 구하는 게 좋겠지?"

"응. 하지만 공고를 너무 오래 하진 마."

"왜?"

"직원공고가 너무 오래 붙어 있으면 가게에 대한 신뢰가 훅 떨어져. 얼마나 착취하는 주인이면 알바가 오래 붙어 있지를 못하냐, 이런 생각을 하니까."

듣고 보니 일리가 있는 말이었다. 알바를 구하는 일도 쉬운 일은 아니었다. 시행착오를 겪어봐야 배우는 것도 있겠지만 모든 일을 다 경험으로 배우기엔 리스크가 너무 컸다.

결국 알바를 한 명 더 구하기로 마음먹었다. 인건비 아끼다가 내가 먼저 쓰러질 지경이었다. 수열의 '알바생 열전'은 끝이 없었다.

"처음 가게 열었을 때 3일 나오고 그만둔 알바가 있었어. '저 내일부터 안 나가요' 이렇게 문자 한 통 보내고는 연락 두절이더라고. 그때 내가 꼭지 돌았던 거 생각하면 아찔하지. 대학생인 경우엔 방학 시작할 때쯤 찾아왔다가 개강할 때 그만두는 경우도 많아."

"들어올 때 몇 달 정도 할 거라는 약속은 하지 않나?"

"당연히 다들 6개월은 할 수 있다고 자신만만하게 말하지. 그

랬던 녀석이 개강을 할 때쯤 정색을 하고 이제부터 취업 준비해야 해서 공부할 거래. 별 수 있냐. 그만두게 해야지."

"사정을 말하면 조정을 해줄 텐데."

"이쪽 사정보다 그쪽 사정이 더 급한 거겠지. 알바보다 더 미치는 건 너처럼 주방 아주머니가 문제일 때야. 심지어 그만두신다고 하면 심장이 덜컥 내려앉기까지 한다니까."

"주방 아주머니가 갑자기 그만두기도 해?"

"1년 전이었나, 낌새도 없었는데 그만둔다고 하시더라. 일이 많이 고되셨나 보다 싶어서 죄송한 마음이 들었지. 바로 알겠다고 하고 퇴직 처리 해드렸는데 나중에 알고 봤더니 정말 그만둘 생각이 아니었더라고."

"그럼 뭔데?"

"월급 올려달라는 신호였대."

'헉' 하는 표정을 짓는 홍 사장과 달리 수열은 산전수전 공중전까지 겪은 사람만이 지을 수 있는 편안한 얼굴이었다.

"참, 주방 아주머니 월급은 어떻게 주고 있어?"

수열이 이렇게 물었을 때에야 겨우 해답을 찾은 것 같은 생각이 들었다.

"아! 그거였구나! 역시 네 놈은 내 구원자야."

"뭐야, 브라더. 그거 사랑 고백이야?"

수열과 티격태격하며 맥주잔을 부딪치고 시원하게 한 잔씩 쭉 들이켰다. 그러나 수열의 말에 갑자기 심장이 평소보다 빠르게 뛰는 것을 느꼈다. 수열은 빈 잔에 다시 술을 채우고 있었다. 따라준 잔을 시원하게 비웠다. 수열이 활짝 웃었다. 수열의 미소에 아까보다 훨씬 더 불규칙적으로 빨리 뛰는 심장을 잡으며 이유를 생각했다.

'아, 아무래도……'

아무래도 술을 너무 빨리 마신 모양이었다.

+ + +

수열의 말에서 힌트를 얻어 주방 아주머니와 진지하게 대화하는 시간을 마련했다.

"아주머니, 요새 집안에 일이 많으신 것 같아요."

"그러네. 젊은 사장님한테 미안하게 됐어요."

"알바를 한 명 더 구하려고요. 그동안 많이 힘드셨죠?"

"힘들긴, 일하는 게 다 그렇지. 그런데 알바 구하게? 돈이 더 들잖아. 사장님 마음이지만."

"그래도 아주머니께도 죄송하고, 그렇게라도 해야 될 것 같아서요."

"내가 조금 일찍 와서 사장 도와줘도 되고, 퇴근 시간만 지켜준다면야……"

지금이 타이밍이라는 생각이 들었다.

"다음 달부터는 시급을 조금이라도 올려드릴게요. 출근시간을 1시간 더 당기는 건 어떠세요?"

"그래도 되겠어요?"

주방 아주머니는 반색을 하며 존칭을 썼다. 그제야 큰 산 하나를 넘겼다는 마음에 안도의 한숨이 나왔다. 하지만 아직 해결해야 할 문제가 하나 더 있었다. 주방 아주머니가 아는 분이라며 소개해준 고기 거래처를 바꿔야 하는 문제였다. 고기가 질기다는 항의를 최근 자주 받은 것이다. 또 한 번 주방 아주머니와 어려운 대면을 해야 했다.

"아주머니, 아무래도 고기를 다른 곳에서 받아야 할 것 같아요."

"아니, 뭘 그래. 가끔 그런 고기가 올 수도 있지."

"그래도 한 번도 아니고, 이제 막 오픈한 가게인데 그런 얘기가 나오기 시작하면 이미지가 안 좋아질 것 같아서요."

"어쩌다 그런 거겠지. 그럴 거면 애초에 쓰질 말지. 내 면도 있는데."

"그 쪽에는 제가 책임지고 잘 말씀드릴게요."

"알았어요. 참 나……."

==장사는 혼자만 잘한다고 되는 일이 아니었다. 이런 일 저런 일 모두 사람과 얽힌 일이었다.== 잘못 풀면 관계가 불편해졌다. 하지

만 무겁게 입을 떼며 배운 것도 있었다. 아는 사람이 소개한 곳이 모두 좋은 곳은 아니라는 사실이었다.

이영석의 어드바이스

장사에서 직원과의 화합이 중요한 것은 말할 것도 없다. 직원과 화합을 도모하는 첫 걸음은 그들의 이야기를 잘 들어주는 것이다. 사장의 일방적인 주입식 이야기는 좋지 않다. 사장은 말을 아끼고 직원 스스로 생각을 이끌어내도록 구체적인 질문 형식으로 대화하는 게 좋다. 예를 들어, "우리 가게에 어떤 점을 고치면 좋을까?"라고 물으면 1가지만 답하겠지만 "우리 가게에서 개선해야 할 것 5가지만 얘기해줄래?"라고 묻는다면 직원은 5가지 문제점을 스스로 고민한다. 이야기를 나누기 전에 부드러운 칭찬으로 마음을 열게 하자. 직원들은 아무 생각 없이 일하지 않는다. 직원의 태도를 바꾸고 싶다면 열 마디 잔소리보다 사장이 먼저 솔선수범을 보여보자. 사장이 실행하면 직원도 보고 따라 한다.

주말 반납, 밤잠 포기, 그런데도 왜 매출은 그대로인 거야?

"어서 오세요!"

금요일, 오랜만에 옛 직장 동료들이 매상을 올려주겠다고 찾아왔다. 프로젝트 하나를 끝내고 회식을 하러 온다고 미리 연락을 받은 참이었다. 주방 아주머니도 시급을 인상하기로 약속한 뒤로는 다행히 성실히 일해주고 있었다.

"여어, 장사 잘하고 있나?"

"아, 과장님 오셨어요."

"뭐야, 얼굴 표정이 왜 그래? 옛정을 생각해서 내가 일부러 여기까지 왔는데."

"무슨 말씀이세요. 과장님이 오셔서 반가워서 그러죠."

이 과장이 무슨 말을 더 하려는 찰나 직원들이 끌고 들어가 자리를 잡았다.

"푸짐하게 요기 될 만한 안주로 부탁드려요."

"맡겨만 줘. 과장님은 뭐 드시고 싶으신 거 있으세요?"

"메뉴가 뭐 이런 것만 있나. 애들 먹기 딱 좋은 거네. 비싼 거 뭐 없어? 먹을 거라고는 쯧쯧. 큼직한 고기 있는 걸로 줘."

"네, 그럼 기름기 없는데 입에 착 붙는 스테이크 메뉴로 준비해드리겠습니다."

메뉴를 결정하고 돌아서는데 뒤에서 이 과장이 다시 혀 차는 소리가 들렸다. 순식간에 열이 이마까지 차올랐다.

'저놈의 혀 차는 소리 듣기 싫어서 회사를 그만뒀는데.'

아버지의 말씀이 생각났다. 장사를 하려면 손님이 원하는 대로 간이고 쓸개고 다 빼놓아야 한다고 했다. 홍 사장은 입을 꾹 다물었다. 어차피 회식이다. 3시간만 참으면 될 터였다. 그런데 그것은 시작에 불과했다. 이 과장은 시도 때도 없이 홍 사장을 불렀다.

"고기에서 냄새가 나는 것 같은데?"

"아이, 과장님 맛있는데요. 숯불 냄새예요. 일부러 홍 사장님이 숯불에 구워 주셨는데요."

"숯불은 무슨. 여기 숯불이 어디 있어. 게다가 이건 양배추야 양상추야, 이게 이거랑 맞는다고 생각해? 야채가 며칠 지난 것처럼 시들하잖아. 탕 국물 맛은 또 뭐 이래? 조미료 쓴 거 아냐?"
 듣고 있으려니 속에서 열이 솟아올랐다. 억지로 웃으려니 입가에 경련이 날 지경이었다. 해도 해도 너무 한다는 생각이 들었지만 다른 손님들도 있고, 예전부터 당해오던 일이라 단련이 됐는지 참을 수는 있었다. 그러나 이 과장의 만행은 계속되었다.
 "휴대폰 충전 좀 해줘."
 "네, 과장님. 주세요."
 5분도 안 되어 이 과장이 다시 불렀다.
 "아까 맡긴 휴대폰 좀 가져와. 급히 확인할 문자가 있어."
 "네. 알겠습니다."
 돌아서자마자 다시 불려갔다.
 "충전이 제대로 안 됐잖아. 다시 해."
 다람쥐새끼마냥 이 과장 테이블이 있는 곳과 다른 테이블 사이를 빙빙 돌다 보니 죽을 맛이었다.
 회사 동료들은 술에 취한 이 과장을 부축하며 몇 번이나 미안하다는 눈짓을 보냈다. 이 과장은 계산은 안 하고 카운터를 붙잡고 서서 술에 취해 꼬인 혀로 같은 말을 반복했다.
 "홍 대리, 너! 내가 오늘 살려준 줄 알아. 사장? 사장은 개뿔! 건방진 놈."
 이 정도면 술값이고 뭐고 그냥 내쫓고 싶었다. 한계에 도달한 채 머리 뚜껑이 열리려던 순간, 이 과장이 과장된 동작으로 지갑

애써 찾아온 손님을 헛걸음하게 하지 마.
절대로 "NO"라고 하지 말고
작은 서비스라도 꼭 주도록 해.

거부당하고 거절당했다는 느낌을 주는 순간
손님은 두 번 다시 발걸음하지 않을 거야.

에서 카드를 꺼냈다. 물론 법인카드였다.

+ + +

SNS에 우리 가게 사진을 올리는 사람들도 지난달에 비해 훨씬 줄어들었고, 이벤트를 아무리 해도 새로운 고객이 유입되는 일이 드물었다. 손님은 늘 그 사람이 그 사람이었다. 단골이 생긴 건 좋지만 단골 때문에 회전율이 좋지 않으니 그야말로 계륵이었다. 회전율을 높이는 방법도 다양하게 생각했지만 뾰족한 수가 떠오르지 않았다. 그나마 단골들마저 점차 발길이 뜸해졌다. 혹시 주변에 다른 술집이 생겼나 돌아보고 다니는 것이 최근에 생긴 습관이었다.

매출은 줄어도 들어가는 돈은 그대로였다. 알바비, 공과금, 월세를 내고 나면 손에 쥐는 돈은 100만 원이 채 되지 않았다. 그나마 그 돈도 이래저래 생긴 구멍을 메우는 데 쓰고 나면 순수하게 손에 쥐는 돈은 50만 원이었다. 눈물겨운 절약의 시간이 시작되었다. 전기세를 아끼기 위해 간판 불을 조금 늦게 켜고 남아서 버리는 식재료를 줄이기 위해 노력했다. 그러나 절약에도 한계가 있었고 절대 포기해서는 안 될 부분도 있었다. 냉장고는 밤새 켜놔야 했고 신선한 재료는 날이 갈수록 비싸졌다. 그렇다고 음식재료의 질을 낮출 수는 없었다. 품질과 가격 둘 다 잡아야 했다. 뜬금없이 아버지의 가게가 떠올랐다.

'홍 치킨은 30년이나 버텼잖아. 레드 3.0이랑 비교할 데가 아니지.'

아버지 가게가 눈에 띄게 확 좋아진 것은 아니었지만 30년 가까운 시간을 같은 곳에서 같은 아이템으로 장사를 하는 것이 얼마나 대단한 일인지 몸소 깨닫는 중이었다. 급격하게 자신감이 떨어지고 있었다. 하루가 다르게 매출은 최저를 기록했다. 히말라야 빙벽이 무색할 정도로 가팔랐다. 힘이 빠졌다. 할 수 있는 것을 다 해도 한 번 아래로 방향을 바꾼 매출 곡선은 치고 올라갈 줄을 몰랐다.

"어떻게 하면 좋을까. 이러다 망하는 거 아냐?"

시간이 지날수록 표정이 어두워졌다. 장사가 잘되지 않는 것 때문에 우거지상을 하고, 손님에게 기분이 어떤지 다 드러내는 음식점 주인들을 보면서 보기 싫다는 생각을 했었는데 자기가 그 꼴이었다. 걱정의 끝은 또 다른 걱정의 시작이었다. 게다가 생각지도 못했던 문제까지 생겼다.

주변 상점 주인들이 홍 사장을 고깝게 보기 시작한 것이다. 특히 음식점 주인들이 예민하게 굴었다. 한번은 해도 떨어지기 전부터 상가 음식점 주인 세 명이 와서 술을 마시기 시작했다. 부어라 마셔라 하는 분위기가 되어 8시도 되지 않아 모두 만취해버렸다.

"홍 사장, 여기 와서 앉아 봐. 한 잔만 받아."

"하하하. 제가 영업 중에는 술을 마시지 않습니다. 더 필요하신 게 있으면 말씀하세요. 제가 서비스 제대로 하겠습니다."

"아니, 서비스 필요 없고 난 당신이 필요해."

"하하하, 다음에 하시죠."

"다음? 다음이라고? 뭐가 그렇게 잘났어. 응? 말이 나왔으니 말이지, 새파랗게 어린놈이 인사 한 번을 먼저 한 적이 없어. 사람 무시하지 말라고."

"아니, 그런 게 아니고요……."

"아니긴 뭐가 아니야! 털어서 먼지 안 나는 사람이 있는 줄 알아? 젊은 사람이 어른 말을 무시하면 안 되지. 한 잔 하라고!"

홍 사장은 대꾸도 안 하고 주방으로 들어가버렸다. 그들이 워낙 소란하게 하다 보니 가게에 들어오려던 사람들도 다음에 오겠다며 금방 나가버렸다. 음식점 주인들은 결국 자기 기분에 취해 계산도 제대로 하지 않고 밖으로 나갔다. 그 후로 이상한 소문이 돌기 시작했다. 가장 황당한 소문은 알바가 미성년자라는 말이었다.

"알바가 미성년자? 주방 아주머니가 이 소문을 들으면 아주 춤을 추시겠네."

하도 기가 막혀서 주방 아주머니 사진이라도 찍어서 가게 앞에 붙이고 싶은 심정이었다. 주변 상인들과 마찰이 생기니 출

퇴근하는 데도 불편했다. 무시할 수도 없고, 대응할 수도 없는 상황이었다. 그러나 더 큰 문제는 하루하루가 다르게 매상이 떨어지는 일이었다. 돈 생각을 하면서 머리를 돌리기 시작하면 한도 끝도 없이 장사는 수렁에 빠질 터였다.

미간에 주름이 깊어졌다. 인테리어를 하면서 꿈에 부풀었던 레드 3.0의 모습이 아득하게 느껴졌다. 사소한 일에도 짜증을 내자 주방 아주머니의 핀잔도 늘었다. 어떤 날은 간판의 붉은 색만 봐도 화가 났다. 열정이 넘치는 레드 3.0이 아니라 화병이 생길 것 같은 레드 3.0이었다. 이대로는 위험하다는 생각이 들었다.

장사를 시작한 지 한 달. 겨우 한 달을 보냈는데도 단맛 쓴맛 다 본 기분이 들었다. ==장사가 잘되면 세상을 다 얻은 듯 자신만만했고, 장사가 안 되면 세상 끝에 선 듯 죽을 맛이었다. 일희일비하는 롤러코스터처럼 장사를 해서는 안 됐다.==

하루 테이블을 3개도 못 채우는 날이 계속되었다. 더 이상 떨어질 때가 없다고 생각했던 매출이 또 한 번 최저점을 찍던 날, 선명하게 '뚝!' 하는 소리를 들었다. 마음에 남아 있던 가느다란 희망의 끈이 끊어지는 소리였다. 화려한 '오픈발'은 끝났다. 어떻게 해서든 해결책을 마련해야만 했다.

2대 2대 2 법칙을 반드시 기억하라

장사가 자리를 잡으려면 2 대 2 대 2 법칙을 꼭 기억하자. 그리고 실행하고 습관화하자. 장사 초기에 잡은 장사 습관이 승패를 좌우한다.

첫째, 다른 사람보다 2시간 일찍 가게 문을 연다.

"내 장사는 특별해. 무조건 성공할 거야!" 장사를 처음 시작하는 사람들이 하기 쉬운 착각이다. 열심히 하지 않는 사람은 없다.

둘째, 다른 사람보다 2시간 늦게 퇴근한다.
셋째, 다른 사람보다 2배 더 열심히 노력한다.

직장생활과 똑같이 하겠다는 마음은 애초에 버려라. 벼랑 끝에 나를 세우고, 오직 이 길밖에 없다는 마음으로 장사에만 전념해야 한다. 누구나 열심히 장사한다. 될 대로 되라는 마음가짐으로 장사하는 사람은 없다. 다른 사람과 똑같이 한다면 경쟁력이 없다. 다시 한 번 강조한다. 2 대 2 대 2 법칙을 꼭 실천해보라. 분명히 변화할 것이다.

장사 수업
제3강

한 번 온 손님은
누구나 반하게 하라

남보다 더 좋아 보이고
무조건 달라 보이는 서비스 비법

말 한마디 인사 한 번을 우습게보지 마라!

매출을 어떻게 늘릴지 고민하고 정보를 찾느라 며칠 동안 잠도 제대로 못 잤다. 검색을 해보니 매출을 올리는 이벤트 방법부터 꼭 알아야 할 홀 서비스, 알바생이 해야 할 일 리스트 등 놓쳤거나 생각하지 못했던 부분이 많았다. 반면 광고성 정보도 넘쳐났다. 인터넷 정보의 문제점은 정보가 너무나 많다는 점이었다. 그 안에서 쓸 만한 정보를 골라서 적다가 매일 새벽 3시가 넘어서야 잠이 들었다.

"어서 오십시오."

가게 앞에서 이벤트 행사를 벌였다. 짧은 치마를 입은 젊은 여자 두 명이 커다란 풍선 앞에서 마이크를 쥐고 인사했다. 홍 사장은 옆에서 지나가는 사람들을 향해 전단지를 나눠주었다.

"맛있는 매운 닭발볶음! 식감도 쫄깃하고 여성분들 피부 미용에도 좋을 뿐만 아니라 어르신들 신경통 관절염에도 좋은 매운 닭발볶음!"

빽빽 소리가 나는 아이들 장난감까지 불며 새로운 메뉴를 내세워 가게 홍보를 했다. 그러나 30분도 지나지 않아 이벤트를 저지하는 목소리가 들렸다. 지난번에 술값도 안 내고 소란을 피우던 주변 가게 주인 중 하나였다.

"홍 사장만 장사해? 여기서 이렇게 시끄럽게 굴면 어떡해!"

"딱 2시간만 하고 끝내겠습니다. 조금만 양해해주세요."

"양해는 무슨 양해! 영업 방해에 고성방가로 경찰에 신고할 거야. 당장 그만둬!"

함께 술을 마셨던 다른 가게 주인까지 가세하기 시작했다.

"맞아. 혼자 장사해? 다른 사람도 장사해야 할 것 아냐! 젊은 사람이 상도가 없어! 상도가!"

"이러지들 마시고, 조금만 이해해주세요. 저도 오죽하면 이러겠습니까."

"그만두라면 당장 그만둘 것이지. 어디서 핏대를 올려! 지금 해보겠다는 거야? 어른이 말하면 말귀를 알아들어야지."

"죄송합니다. 여기서 이러지들 마시고 저쪽에 가서……."

"가긴 어딜 가!"

급기야 한 사람이 홍 사장의 멱살을 잡았다.

"이거 놓으세요. 그만! 그만 좀!"

눈을 감은 채 식은땀을 뻘뻘 흘리며 손을 허우적댔다. 아무리 힘을 주어도 손에 힘이 들어가지 않았다. 눈을 번쩍 떴다. 꿈이었다. 한 손으로 자신의 멱살을 잡고 있었다.

"휴, 이러다 제명에 못 살지."

억지로 일어나 잠이 덜 깬 상태로 샤워를 했다. 샤워를 하니 한결 낫긴 했지만 여전히 눈꺼풀이 무거웠다. 밥을 먹으려고 숟가락을 들어도 당최 입맛이 없었다. 아버지가 물끄러미 바라보더니 넌지시 물었다.

"오는 사람들은 꾸준히 오지?"

"네. 그런데 매출이 오르지 않아 어떻게 할지 고민이에요."

"일단 고민을 하지 마라."

"네?"

"==고민을 너무 많이 하면 얼굴에 다 드러나. 표정이 어두우면 손님들한테도 영향을 미치는 법이다. 장사에도 마인드 컨트롤이 중요해==. 방법을 생각해봐야겠구나."

"아무래도 알바생을 한 명 뽑아야겠어요. 당장 돈은 들겠지만 그래야 전체적으로 관리할 수 있을 것 같아요. 음식도 좀 더 적극적으로 배우고 메뉴도 다시 점검해보고요."

"그래, 잘 생각했다."

아들이 장사에 대한 이야기를 시작하자 아버지도 이것저것 물어보았다.

"단골들 특징은 파악했냐? 생각보다 주인 보고 오는 경우가 많아."

"네. 제가 편해서 일부러 찾아온다는 분도 있어요. 전 역세권 아니면 장사가 쉽지 않을 거라고 생각했거든요."

"손님이 가고 싶은 가게가 되면 어디에 있든 망할 염려는 없지."

홍 사장은 고개를 끄덕였다. 자신도 손님이 스스로 찾고, 찾아가고 싶은 가게를 만들고 싶었다. 그러나 지금 당장은 눈앞의 걱정, 하루 매출이 더 급했다. 인터넷에 나온 정보대로 새로운 메뉴를 만들거나 아니면 정말 이벤트라도 해야 하는지 고민이 되었다. 고민하지 말라는 아버지 말은 머리로는 이해를 했지만 실질적인 대안으로 여겨지지 않았다.

"아버지는 매출이 자꾸 떨어질 때 어떻게 하셨어요?"

"아무것도 안 하고 버텼지. 뭔가를 바꾸려고 생각해보기도 했지만, 안 바꾸는 게 맞는 것 같았어. 지금 생각해보면 일장일단이 있다. 너한테 맞는 걸 생각해 봐."

홍 사장은 아버지의 배짱에 조금 놀랐다. 아무것도 하지 않는 것도 큰 결정이기 때문이다.

"장사가 안 되는 것 같다 싶을 때에는 지인들에게 많이 베풀어. 지나가는 사람한테 들어와서 술 한잔하고 가라고 하는 건 말도 안 되지만, 본래 알던 사람들에게는 그럴 수 있잖아. 장사에서는 ==관계를 유지해가는 게 중요하지. 관계도 흐름이라서 한 번 끊기면 연결하기 어려워.=="

"네. 저한테 더 해주실 말씀 없으세요? 전 지금 제게 애정을 가진 사람들이 해주는 쓴소리가 필요해요."

"난 모르겠고, 삼동이가 하나는 얘기하더라."

"무슨 얘기요?"

"예쁜 알바생 좀 뽑으면 좋겠다고."

"하하하."

홍 사장이 웃음을 터뜨리자 아버지도 머쓱한지 웃었다. 분위기가 아까보다 풀리자 아버지에게 조심스럽게 물었다.

"아버지, 제가 회사 그만두고 장사하는 게 아직도 별로세요?"

아버지는 대답을 선뜻 하지 않고 묵묵히 국물만 떠먹었다.

"자식 잘되는 거 싫어하는 부모가 어디 있겠냐. 다만 앞길에 어떤 힘든 일이 있을지 아니까 마음 아파서 그렇지. 이젠 괜찮다. 안 괜찮으면 어쩌겠냐. 내가 도울 게 있으면 돕는 게지."

"아버지 도움이 제겐 정말 큰 힘이 돼요."

아버지는 또 말없이 국물을 떠먹고 밥을 입에 넣었다.

"==무엇보다 지치지 말아야 한다. 장사에만 전력투구하면서 자기를 돌보지 않으면 고꾸라지기 쉬워.== 넌 젊으니까 올해 그러지는 않겠지만 시간이 지나면 피로가 쌓여서 어쩔 수 없을 때가 와. 그 시기가 너무 빨리 오지 않도록 신경 쓰고."

"네."

"보니까 일요일까지 일하고 평일에도 안 쉬는 모양인데, 일주일에 하루 정도는 꼭 쉬어라. 손님 있다고 무조건 열고 있으면 안 되고. 같은 시간에 열고 닫고 쉬고. 장사는 리듬이 중요한 법이야."

이럴 때 아버지는 누구보다 든든한 조력자였다. 오랜 장사 경험에서 우러나온 피가 되고 살이 되는 조언을 아낌없이 해주었다. 아버지와 얘기를 나눈 덕분에 세 가지 조언을 얻었다. 지인에게 베풀어야 한다는 것, 일주일에 하루는 쉬어야 한다는 것, 장사에도 리듬이 중요하다는 것. 그러나 당장 매출을 올릴 수 있는 구체적인 해결책이 아니라서 여전히 답답했다. 밥상머리를 떠나기 전에 아버지가 물었다.

"그런데 너 손님한테 인사는 제대로 하나?"

"인사요? 그럼요."

대답은 했지만 건성이었다. 장사에 중요한 건 그깟 인사가 아니었다. 좀 더 화려한 이벤트나 놀랄 정도로 특별한 한 방이 필요했다. 대빵에게 전화를 걸어 도움을 청했다. 그러더니 대뜸 다음 주 일요일 아침 6시에 북한산 버스종점에서 만나자고 했다.

'장사와 북한산의 공통분모는 뭐지? 체력단련이라도 하는 건가?'

마음속으로 수없이 많은 질문이 솟아올랐다가 사라졌다. 하지만 일단 나가보기로 했다. 대빵을 믿었다.

✦✦✦

북한산은 캄캄했다. 아직 동이 트기 전이었다. 긴장한 탓인지 약속시간보다 30분 일찍 도착했다. 날이 아주 조금씩 밝아왔다. 제법 많은 사람들이 산에 오를 준비를 하고 있었다. 준비운동을 하는 사람, 신발 끈을 고쳐 매는 사람들로 산 초입은 분주했다. 약속시간 10분 전에 대빵이 왔다.

"오늘은 여기에서 인사를 하면 돼요."

대빵의 뜬금없는 말에 홍 사장은 어리둥절해졌다.

"인사요? 누구한테요?"

"산에서 만나는 모든 사람한테요."

"모르는 사람인데요?"

"장사를 잘하려면 현장에서 갖춰야 할 세 가지가 있어요. 그 중 첫 번째가 인사예요. 인사는 장사의 90퍼센트를 결정하죠."

인사 안 한다고 주변 가게 주인들이 못마땅하게 보던 기억이 났다. 자기 딴에는 한다고 했는데 영 시원찮았나 보았다.

'그러고 보니 아버지도 인사 얘기를 했었지.'

그러나 인사가 뭐 그리 대수란 말인가. 이해가 되지 않았다. 솔직히 말하면 겨우 '인사'를 장사의 90퍼센트라고 말하는 대빵이 실망스럽기도 했다. 새벽 6시부터 나온 이유가 겨우 인사하라는 소리를 듣기 위해서라니 맥도 빠졌다.

'장사의 신이라길래 엄청난 비법을 알려줄 줄 알았는데 겨우 인사라니? 인사를 잘해도 음식 맛이 없으면 소용없는 거 아냐?'

혼자서 생각에 잠겨 있는데 노부부 두 사람이 지나갔다. 대빵이 먼저 그들에게 인사를 했다.

"안녕하세요."

"네. 안녕하세요."

"정상까지 올라가세요?"

"무릎이 안 좋아서 거기까지는 못 가요."

"천천히 올라가십시오."

대빵은 그 후로도 만나는 사람마다 반갑게 인사를 나누었다. 그러나 홍 사장은 인사는커녕 10분이 지나도록 입을 꾹 다물고 있었다. 대빵이 힐끗 바라보자 할 수 없이 인사를 하기 시작했다. 희한하게도 대빵이 인사를 하면 사람들도 잘 받는데 홍 사장이 인사를 하면 뚱한 표정으로 지나치기 일쑤였다.

"파이팅!"

운동선수처럼 보이는 청년들이 뛰어올라가고 있었다. 그들의 목소리에 산이 쩌렁쩌렁 울렸다. 대빵은 그 구호에 답이라도 하듯 소리 높여 파이팅을 외쳤다. 걱정을 한 방에 날려버릴 듯 통쾌한 소리였다. 그러나 아직까지도 대빵이 왜 굳이 산에 와서 인사를 시키는 것인지 알 수가 없었다. 괜히 왔다는 후회까지 들었다. 한동안 묵묵히 걷던 대빵이 정상에 이르러서야 겨우 말문을 열었다.

"혼자 사는 세상이 아니듯 혼자 하는 장사가 아니에요. 내 가게에 다시 오게 하는 비법은 결코 대단한 것이 아닙니다. 아주 쉬운 것부터 하나하나 해나가는 거예요. 문을 열고 들어갔을 때 반갑게 맞아주는 일부터 하는 거죠."

대빵의 말에는 힘이 있었다. 단순했지만 핵심을 찔렀다.

"장사를 잘하고 싶어서 저를 찾아온 거죠? 그럼 한 가지 물어볼게요. ==장사를 못하는 사람들은 왜 못할까요? 자기만의 생각에 빠져 고집을 부려서 그래요. 자기 걸 버리고 열린 자세로 다른 사람에게 배워야 해요.=="

얼굴이 화끈 달아올랐다. 지푸라기라도 잡는 심정으로 대빵에게 도와달라고 하고선 오늘 자신의 모습은 기꺼이 내민 손을 쳐내는 꼴이었다. 다시 마음을 다잡았다. 산을 내려갈 때는 올라갈 때보다 훨씬 수월하게 인사할 수 있었다. 대빵이 그제야 빙긋 웃었다.

"장사를 잘하고 싶죠?"

"네."

"그럼 오늘은 제가 하라는 대로 해보세요. 마음이 복잡해도 무조건 인사부터 시작하는 거예요. 사람들이 인사를 못 하는 이유가 뭔지 알아요?"

"뭔데요?"

"생각이 너무 많아서 그래요. 내가 이 사람한테 인사를 하면 나를 어떻게 생각할까, 이상하다고 보지 않을까, 인사를 안 받아 주면 어떡하나, 걱정하느라고 인사를 잘 못 하는 거예요."

"……."

"인사는 습관이에요. 몸에 배는 거죠. 그냥 하는 거예요."

그냥 한다는 말에 마음이 한결 가벼워졌다. 그러고 보니 북한산에서 만나는 사람들에게 겨우 인사를 건네면서도 멋쩍었던 건 생각이 너무 많아서였다. 멀쩡하게 생긴 젊은 남자가 이 시간에 여긴 왜 왔을까, 실직했나, 하는 일 없는 백수인가, 사람들이 어떻게 생각할지 염려하느라 더 많은 신경이 쓰였던 것이다. 대빵이 홍 대리의 등을 툭 치며 이렇게 말했다.

"생각은 잠시 내려놓고 오늘은 인사나 실컷 하고 가세요."

"네! 알겠습니다!"

산 아래가 얼마 남지 않았다. 올라가면서 못한 인사까지 모아서 할 정도로 열심히 인사를 했다. 출발했던 곳에 도착하자 목이 얼얼하고 발목이 시큰거릴 정도로 피곤함이 몰려왔다. 그러나 기분은 상쾌했다. 알 수 없는 자신감이 뱃속 깊은 곳에서부터 차오르는 기분을 느꼈다.

"툭 치면 관등성명이 나오는 이등병처럼 누구를 만나도 인사를 먼저 하는 사람이 되세요. 아주 기본부터 새롭게 시작한다는 마음으로요. 장사도 그렇게 하는 겁니다. 손님이 가게 안에 들어오면 모든 종업원이 알아야 해요. 손님은 이것만으로도 자신이 대접받고 있다는 걸 느끼죠. 손님이 오고 가도 신경 쓰지 않고 거만한 태도로 대하는 가게에 다시 가고 싶겠어요?

유태인 속담 중에 이런 말이 있어요. '웃지 않으려거든 가게 문을 열지 마라.'"

홍 사장은 고개를 저었다. 아무리 맛있어도 가고 싶지 않은 곳은 불친절한 음식점이었다. 그제야 자신의 가게 레드 3.0이 지금까지 손님들에게 어떤 인상을 주었는지 곰곰이 생각했다.

"인사는 사람에 대한 관심이에요. '안녕하세요? 잘 지내시나요? 기분은 어떠세요? 좋은 일 있으세요?' 마음을 담아서 인사부터 건네보세요. 손님의 니즈도 점차 보일 거예요. 인사하는 습관을 잡기 위해 처음엔 기계적으로라도 할 필요가 있지만 정말 중요한 건 마음을 담는 일이라는 걸 잊지 마세요."

홍 사장은 고개를 끄덕였다. 경험은 생각을 뛰어넘는 데가 있다. 헤어지기 전 대빵이 말했다.

"장사엔 세 가지 기본이 있는데 첫째가 인사에요. 손님을 대하는 가장 기본적인 태도죠. 인사 하나로 손님을 대하는 태도가 모조리 뒤바뀌어요.

두 번째는 청결. 다음에 만나면 어떻게 청결하게 하는지 가르쳐줄게요. 단, 그동안 인사 연습은 계속 하세요."

오후 늦게 집으로 돌아오는 길에는 저절로 눈꺼풀이 감길 정도로 피곤이 몰려왔다. 중요한 것을 배운 것 같았지만 아직 피부에 확 와 닿지는 않았다.

"인사를 잘한다고 과연 당장 매출이 올라갈까……."

정작 물어봐야 할 것은 물어보지도 못하고 온 것 같아 찜찜한 마음이 들었다.

이영석의 어드바이스

3의 법칙을 기억하라! 당신이 장사를 하고 싶은 분야의 고수 3명을 스승으로 만들어라. 한 분야에 3명의 스승을 알고 있다면 어떤 장사에서도 절대 실패하지 않는다. 모르는 것이 있을 땐 언제든 3명의 스승에게 물어라. 만약 2명이라도 비슷한 답을 한다면 그 점을 파고들라. 그들이 공통적으로 말하는 것에 해답이 있다. 거기에서 장사가 잘되는 원리를 발견하고 당신만의 무기로 만들 수 있을 것이다. 기억하라. 혼자서는 절대로 성공할 수 없다!

청소에도
디테일이 생명이다

"아이구, 삭신이야."

북한산에 다녀온 지 며칠이 지났다. 운동부족이었는지 여전히 무릎이 쑤셨다. 그때는 몰랐지만 북한산에 다녀와서 계속 잊히지 않는 장면이 있었다. 모르는 사람에게 인사를 받은 사람들의 표정이 미세하게 변하는가 싶더니 어느 새 환해졌던 것이다. 인사를 한다고 장사가 잘되겠냐는 의구심은 남아 있었지만 일단 배운 것은 해보기로 마음먹었다.

"오늘부터 문 닫는 날까지 무조건! 로봇처럼! 인사한다! 오케이?"

홍 사장의 장점은 바로 행동으로 옮긴다는 점이었다. 가게에 들어서는 모든 사람들에게 깍듯이 인사했다.

"안녕하세요? 좋은 저녁입니다!"

"앗, 깜짝이야!"

"하하하. 죄송합니다. 너무 반가워서요."

오일러에서 본 것처럼 큰소리로 인사를 했는데 여자 손님이 너무 깜짝 놀라서 무안해졌다. 손님이 너무 가까이 왔을 때 인사를 한 게 탈이었다. 인사뿐만 아니라 잘되는 다른 가게에서 활용하고 있는 방법들 중 가게에 적합한 것들을 적용해보기로 했다. 손님 테이블에 필요한 물건이 있는지 살펴보고 자연스럽게 챙겨주는 것부터 시작했다. 그러다 보니 평소보다 더 자주 테이블 주위를 서성거리게 되었다.

"저, 사장님, 정신 사나운데 저쪽으로 가시면 안 될까요?"

"네? 네……. 알겠습니다."

어떤 손님은 중요한 얘기를 하는데 엿듣는 것 같아 기분이 안 좋다는 말까지 했다. 마지막으로 나가는 손님께는 고개를 깊이 숙여 인사를 했다. 그러나 역효과였다.

"사장님, 안 하던 인사를 갑자기 많이 하니 부담스럽네요. 왜 그러세요?"

이런 말까지 듣고 나자 인사를 계속해야 할지 말아야 할지 자신이 없어졌다. 그러나 대빵의 조언이었다. 효과가 없으면 애초에 권하질 않았을 것이다.

'홍상인, 생각을 해보자, 생각을.'

차근차근 하루를 되돌아보았다. 너무 과했나 싶기도 했지만 생각해보니 기분 나쁘거나 싫어하는 분위기는 아니었다. 어색해하는 사람은 있어도 인사를 싫어하는 사람은 없었다. 우연인지 인사를 부지런히 한 3일 동안 최저점을 찍었던 매출도 조금씩 오르기 시작했다.

+ + +

인사를 너무 크게 해서 깜짝 놀랐다던 여자 손님은 사장님의 활기찬 인사에 에너지를 얻고 싶다며 친구들을 데리고 다시 들렀다. 신기한 일이었다. 일주일 넘게 인사를 하자 로봇처럼 뻣뻣하게 인사하던 모습도 제법 자연스러워졌다. 목소리에 힘이 들어가고 대화할 때 자신감도 생겼다.

다시 대빵을 만나는 날이 왔다. 대빵도 변화를 알아차린 것 같았다.

"가게는 어떤 편이에요? 깨끗하게 유지되고 있나요?"

만나면 당연히 인사부터 물어볼 줄 알았는데 느닷없는 질문에 당황스러웠다. 순간적으로 가게 안을 머릿속에 떠올렸다. 주방, 카운터, 홀…… 더럽다고 생각되는 곳은 없었다.

"번쩍번쩍 광 날 정도는 아니지만 매일 청소는 하고 있어요."

"화장실은요?"

"아침에 한 번, 저녁에 한 번 해요."

"하루에 두 번?"

"네……."

"주점에서 가장 중요한 공간이 어디라고 생각해요?"

"당연히 홀 아닌가요? 앉아서 먹는 곳이니까."

"그거야 다른 가게도 마찬가지잖아요. 레드 3.0만의 매력 포인트로 내놓을 수는 없죠."

"그럼 카운터인가……? 출입문 앞……?"

"눈에 보이는 곳만 신경 쓰는 거예요?"

말은 부드러웠지만 쿡, 찔리는 데가 있었다. 주방 안쪽과 화장실은 사실 신경을 많이 쓰지 않고 있었다.

"음식 장사를 할 때 의외로 화장실이 정말 중요하다는 거 알아요?"

"화장실이요?"

"물론이죠. 인기 있는 주점 블로그 들어가본 적 있어요?"

"네. 다른 사람들은 어떻게 장사를 하는지 궁금하기도 하고, 어떤 곳을 좋아하는지 알고 싶어서 리서치를 좀 했죠. 직접 찾아가보기도 했고요."

"대부분은 메뉴, 맛, 서비스, 인테리어 등 전체적인 분위기를 주로 올리죠. 그리고 그 집에만 있는 특별한 것이 있을 경우 마지막에 짠 하고 소개하고요."

"맞아요. 사진이 더 멋진 경우도 있고 반대로 실제 가게가 더 좋았던 적도 있어요."

"좋은 가게에 가면 꼭 들리는 데가 있어요?"

"화장실이요."

"저도 화장실을 중요하게 따져요. 여성 손님들은 더 예민하죠. 아무리 가게 인테리어가 훌륭해도 화장실이 엉망이면 두 번 다시 가고 싶은 생각이 안 들더라고요. 하지만 평범한 가게인데 화장실이 청결하고 특색 있으면 기억에 남거든요. 금붕어를 키우는 독특한 화장실도 봤는데 지인들과 근처에 가면 일부러 그 가게에 가요. 다들 이런 곳을 어떻게 알았냐며 좋아하더라고요."

대빵의 설명을 듣고 나자 화장실의 중요성이 실감났다. 화장실이 특색 있던 곳은 확실히 호감도도 높았다. 변기가 나란히 놓여 있는 특이한 화장실이 있는가 하면, 벽에 근사한 벽화가 그려진 화장실도 있었다. 전면 거울이 반짝반짝 윤이 날 정도로 닦여 있거나 모던하면서도 쓰기 편한 세면대가 있는 곳도 있었다. 앙증맞은 장식품이 놓여 있는 곳도 있었고, 화장실 문을 열자마자 허브 화분이 가득 놓여 있기도 했다.

그런가 하면 별다른 장식을 하지 않고 조명에 신경을 쓴 화장실도 있었다. 은은한 조명 기구를 달거나 홀에도 없는 샹들리에가 화려하게 달려 있는 화장실도 있었다. 그런 곳은 나중에 한

화장실을 세심하고 깨끗하게 관리하면
가게 전체의 격을 한층 높여줄 수 있어.

화장실을 깨끗이 하면 운도 좋아지지.

번 더 찾아가고 싶은 마음이 들었다.

그러나 역시 가장 마음에 들었던 곳은 바닥에 물기 하나 없을 정도로 깨끗한 화장실이었다. 그 가게는 소박하지만 주인의 배려가 넘쳤다. 화려하지 않아도 정갈한 분위기였다. 품질 좋은 화장지와 더불어 은은한 장미향이 감돌던 화장실은 가게 전체의 격을 한층 높여주고 있었다. 오일러의 화장실이었다.

"==뒤에 숨어 있지만 가게의 실제 얼굴은 화장실이에요. 맛, 분위기, 가격, 이런 기본적인 것들은 당연히 고민해야 하죠. 그러나 가게가 얼만큼 손님을 생각하고 위하는지는 바로 화장실에서 드러나요.== 화장실을 어떻게 가꿀지 생각해보세요. 여러 가지 아이디어를 통해 레드 3.0에 맞는 화장실이 탄생할 거예요."

화장실의 탄생이라. 슬쩍 웃고 말았다. 그러나 가게 안에 있는 작은 공간이지만 화장실이 얼마나 중요한지 깨달았다.

"화장실을 깨끗이 하면 운도 좋아진대요."

대빵이 말하면 아주 작은 것에도 힘이 실렸다. 장사를 평생의 업으로 삼고 살아온 사람이기에 허투루 하는 말이 아니어서 그럴 것이다.

"인사도 청결도 결국엔 얼마나 장사에 정성을 들이고 있느냐는 문제예요. 어느 식당에서 손님이 왔는데 보니까 왼손잡이에요. 그럼 국을 왼쪽에 놔드리는 게 더 좋지 않겠어요? 말도 한마디 덧붙이면서. '손님. 왼손 쓰시나 봐요. 국은 드시기 편하게 왼쪽에 놔드릴까요?' 물컵 놓는 자리 하나도 신경 써서 손님을 챙기는 마음을 갖는 거죠."

"물컵 하나까지……."

"참, 그 기사 봤어요? 미국에서 핫한 매장으로 손꼽히며 한창 잘나가는 패스트푸드점이 종로3가에 오픈을 앞두고 있었는데 한국 최초의 진출인지라 매장 오픈 직전에 미국 본사에서 점검을 나왔죠. 관계자는 2층부터 둘러보고 멋진 인테리어와 좋은 시설에 아주 만족해했어요. 그런데 1층을 둘러보던 중 갑자기 파리 한 마리가 휭 하고 지나간 거예요. 파리를 본 담당자는 바로 그 순간 현장에서 불합격을 통지하며 매장을 철수하라고 했대요."

"네? 설마? 파리 한 마리 때문에요?"

홍 사장은 깜짝 놀랐다.

"고작 파리 한 마리가 아니에요. 철저한 계획을 세우고 대대적인 마케팅을 하던 회사가 철수한 이유가 뭐겠어요? 영업 개시를 불과 일주일도 남겨놓지 않은 상황에서 이런 결정을 하기란 결코 쉬운 일이 아니었을 텐데. 그만큼 청결을 중요하게 여겼기 때문이에요."

홍 사장은 고개를 끄덕였다. 청결에 더 확실하게 신경을 쓰리라 다짐했다.

✦✦✦

 아버지의 조언대로 일요일 하루는 쉬었지만 오늘은 장사가 아니라 청소 상태를 점검하기 위해 일부러 출근을 했다. 여기저기 살펴보니 의외로 더러운 곳이 쉽게 눈에 띄었다. 보이지 않는 구석구석까지 청소를 하려면 시간이 꽤 걸릴 것 같았다.
 "좋았어! 청소 시작이다!"
 바닥은 청소 전문 세제를 이용해 닦아준 다음 세제냄새와 물기가 없어지도록 했다. 아침저녁 하루에 두 번 하던 청소를 점심 때 한 번 더 청소를 해서 깨끗한 줄 알았던 화장실도 살펴보니 선반이나 비품 칸에 먼지가 쌓여 있었다.
 '오늘 대청소를 하고 평일에도 청결에 더 신경 써야겠어.'
 주방 바닥을 치우고 뜨거운 물을 부었다. 이렇게 하면 바닥에 물기가 남지 않고 보송해진다고 주방 아주머니가 귀띔을 했었다. 청소에서 가장 공을 들인 부분은 생맥주 기계에서 맥주가 뽑아져 나오는 라인이었다. 라인을 자주 청소하면 당연히 맥주 맛이 좋을 터였다. 갓 뽑은 생맥주의 부드러운 거품을 입가에 묻히고 기분 좋게 들이켜는 손님들을 보면 마음까지 폭신해졌다.
 꼼꼼하게 청소를 시작한 후부터 하루라도 제대로 안 하면 찝찝해서 참을 수가 없었다. 청결의 정도는 점점 심해져서 어떤 때는 이쑤시개를 들고 바닥에 낀 먼지까지 떼낸 적도 있었다. 안주를 담는 그릇과 수저나 포크가 들어 있는 통까지도 차곡차곡 쌓아 보기 좋게 만들었다. 깔끔해 보이는 건 당연했고 모든 물건의 자리가 정해져 있어 쉽게 찾을 수 있으니 서빙이 빨라진 점도 이득이었다.

==청소를 하면서 가게에 대해 더 자세히 알게 되었다. 전에는 보이지 않았던 것들도 잘 보였다.== 벽에 살짝 금이 간 부분이나 찌그러져 균형이 맞지 않는 서랍과 테이블도 체크했다. 당연히 수리하기 위한 정보도 챙겨두었다. 신경 쓰기 시작하자 허투루 보이는 데가 한두 군데가 아니었다. 매일 테이블 아래로 기어 들어가 탁자 밑 부분을 벅벅 닦고 있었으니 말이다.

"사장님, 그렇게까지 하실 필요는 없잖아요. 도대체 요즘 왜 이러세요."

주방 아주머니가 홍 사장을 결벽증이 있는 사람처럼 바라보았다.

"보이지 않는 곳도 깨끗하게 해야죠. 파리 한 마리 때문에 영업 개시를 못 한 가게도 있대요. 청결은 그만큼 중요하고 손님에게도 예의죠."

"그래도 내가 담당하고 있는 주방까지 사사건건 간섭하는 건 못 참아요. 어제 제가 설거지 해놨는데 혹시 다시 설거지 하신 거예요? 최선을 다해서 깨끗하게 해놨는데 제 기분이 어떻겠어요."

"아니, 그게 제가 다시 설거지를 한 게 아니라 그릇 놓는 선반이랑 선반 뒤쪽이 청소가 안 된 것 같아서……."

"그럼 나한테 말을 하지. 이 나이에 학생처럼 청소 끝나고 검사를 받아야겠어요!"

"아, 죄송해요. 아주머니 고생 덜 시키려고, 제가 그냥 한 거예요."

"요즘 같아선 눈치 보이고 피곤해서 못 살겠어."

주방 아주머니가 짜증 섞인 말투로 쐐기를 박았다. 주방 아주머니 눈치 보랴, 청소하랴, 일하랴, 홍 사장도 죽을 맛이었다. 아침에 일어나는 게 점점 힘들었다. 거울을 보니 올라왔던 살이 다시 빠지고 입술도 부르터 있었다. 그러나 몸은 피곤해도 기쁜 일도 생기기 시작했다. 손님들로부터 반응이 나타나고 있었다.

청결에 정성을 들인 지 2주도 되지 않아 레드 3.0이 다시 블로그에 올라오기 시작한 것이다. 블로그 제목에서 그동안의 노력이 그대로 느껴지는 듯했다. 매장 구석구석 섬세하게 신경 쓴 부분이 사진으로 찍혀 있었다.

'어떻게 이런 데까지 알아챘지?'

특히 깨끗한 주점이라는 칭찬에는 가슴이 뿌듯해졌다. 청결에 공을 들인 보람이 있었다. 꾸준히 손님이 늘기 시작했다. 화장실이 편하다고 일부러 찾아오는 사람들도 있었다.

'와! 인사도 그렇고, 청결도 그렇고. 역시 대빵 말이 맞았구나.'

이번 일로 대빵을 더욱 신뢰하게 되었다. 인사 따위 왜 시키는지 모르겠다며 툴툴댔던 일이 부끄러웠다. 인사와 청소를 열심히 할수록 표정도 밝아졌다. 레드 3.0에 대한 자부심도 커졌다.

화장실 청소는 더욱 열심히 했다. 깨끗하게 세탁한 수건으로 매일 갈고 휴지도 신경 써서 챙겼다. 그러는 사이 매출도 조금씩 상승곡선을 그리면서 눈에 띄게 바뀌었다.

이영석의 어드바이스

청소에서 가게의 디테일이 보인다! 주방, 홀, 계산대, 가게 앞 등 무엇 하나 빼놓지 않고 청소했다고 자부하는 가게들도 간과하기 쉬운 장소가 하나 있다. 바로 화장실이다. 아무리 음식이 맛있더라도 화장실이 불편하거나 불쾌하면 다시 가고 싶은 마음이 들지 않는다. 화장실을 가게의 얼굴이라고 여기고 늘 청결함을 유지하도록 관리하자. 화장지와 손 세정제 등 물품이 떨어지지 않도록 신경 쓰는 것은 기본이고, 여자 화장실에 여성용품을 구비해놓는 센스도 잊지 말자!

발로 뛰어
원가절감!

물 들어왔을 때 노 젓는다는 말처럼 가게가 점점 잘될 때라 당장 사람 손이 아쉬웠다. 마냥 매출이 상승선을 탄다고 좋아하고만 있을 수 없는 노릇이었다. 알바 한 명 안 쓰려다가 두 명이 쓰러질 지경이었다. 공고를 보고 면접을 보러 오는 사람들은 끊이지 않았다. 수열에게 조언을 얻기 위해 전화를 했다.

"그건 시행착오 좀 겪어보고, 경험으로 배우는 건데. 딱 촉이 오거든."

"너한텐 딱 오냐? 그런데 나한텐 그 촉이 아직 없다는 게 문제다."

수열은 이미 많은 시간을 거쳐 진짜 장사꾼이 됐으니 그런 말을 할 수 있지만 자신은 아직 초보였다. 레드 3.0과 잘 맞는 사람을 뽑고 싶었다. 사람이 자꾸 바뀌면 오히려 더 힘들 터였다. 어제 오늘 이미 다섯 명의 면접을 봤지만 마음에 드는 사람이 없었다. 오후에 면접을 보러 왔다. 느낌이 괜찮았다. 이게 수열이 말하던 촉인가 싶었다. 이름은 경수였다.

"아르바이트 경험 많아요?"

"네. 고등학교 졸업하자마자 군고구마 노점상으로 시작해서요. 편의점, 옷가게, 카페, 술집 등에서 일해봤어요."

"술집 아르바이트할 때 뭐가 제일 힘들었어요?"

"미성년자들이 신분증 위조해 술 마시고 튈 때요."

"도망을 간다고요?"

"신분증 검사를 대충하게 되면 일어나는 문제입니다. 애들이 돈도 없이 술 마신 다음에 계산하라고 하면 배 째라는 거죠. 미성년자들한테 술 판 잘못 때문에 신고도 못 하죠. 그런데 정말 걔네들 말처럼 걸리면 큰일 나잖아요. 그 꼴을 보는데 복장 터져서 미쳐버리는 줄 알았어요."

"그래서 어떻게 했어요?"

"그 이후엔 지문 찍게 했죠. 주민등록증이랑 비교할 수 있도록 말이죠."

홍 사장의 입이 딱 벌어졌다. 경수는 뭐 그런 걸 갖고 그러냐는 표정을 지으며 말했다.

"요즘 번화가에 중·고등학생 많이 오는 곳엔 그런 방법으로 미성년자 출입을 엄격하게 막는 경우가 많아요."

"하하하. 재밌네요. 다행히 우린 미성년자가 올 만한 술집은 아니지만 경수 씨 경험이 도움이 되겠어요. 그런데 혹시 술집 아르바이트를 하려는 이유가 있어요?"

"특별히는 없지만……. 사실 며칠 전까지 편의점 야간 아르바이트를 했었어요. 밤이니까 책 읽으면서 일하려고요. 그런데 술 취한 사람들이 행패부릴 때가 많더라고요. 매대 엎는 사람도 있고, 가게 바닥에 소변보고 가는 사람도 있고, 돈 던지고 가고."

"그건 진짜 아니다. 그러면 안 되죠."

"술 취한 사람이야 뭐 그렇다 쳐도 편의점 사장이 CCTV로 죄다 보고 있었더라고요. 보고만 있고 해결은 안 하고. 정나미가 완전히 떨어져버렸죠."

"힘들었겠네요."

"사람들이랑 같이 부대끼며 일하고 싶은데, 제일 활기찬 곳이 술집이라 술집 아르바이트 찾고 있었어요."

"그랬구나. 같이 일할 수 있겠어요? 난 당장 근로계약서를 쓰자고 하고 싶은데."

"그러면 감사하죠. 안그래도 바로 채용될 수도 있을 것 같아서 건강진단서와 주민등록등본 가져왔습니다."

말을 시켜볼수록 더욱 경수가 마음에 들었다. 아르바이트라기보다 믿고 일할 수 있는 동료를 만난 것 같아 어느 때보다 마음이 든든했다.

✦ ✦ ✦

"사장님! 저번에 남아 있던 상추가 영 상태가 안 좋은데요. 오늘 상추 들어가는 음식은 못 나갈 것 같아요. 아무래도 야채나 과일 사는 곳을 바꾸면 어때요?"

눈앞에 닥친 일들을 처리하다 보니 여전히 수열이 말했던 신선 재료 구입에 신경을 못 쓰고 있었다.

"아무래도 그래야 할 것 같아요. 아주머니 어디가 좋을까요? 혹시 생각나시는 곳 있으면 알려주세요."

"아무래도 재래시장이지. 명절 같은 때 나도 거기 가서 사는데 물건이 훨씬 좋아요. 도매상들 떼 오는 데 있잖아요. 우리 가게도 거기에서 구매하면 물건도 좋고 가격도 지금 사는 데보다 쌀 걸요?"

"고맙습니다. 아주머니. 좋은 야채, 과일 고르는 법 좀 적어주세요."

"아휴, 사장님도 암튼 뭘 하나 가르쳐주면 열심이라니까. 사람을 좀 피곤하게 해도 이런 열성에 두 손 두 발 다 들었다니까요."

"열심히 해도 늘 실수가 많아요."

아무리 비용을 줄인다고 해도
절대 포기해서는 안 될 부분은 있어.

부지런하게 발품을 팔아서
원가절감과 품질확보
두 마리 토끼를 잡아야 해.

"열심히 하니까 이만하다 생각해요. 열심히 안 했어봐, 더 고생했을 거야."

"하하하. 그러네요."

"오늘 월요일인 데다 경수도 있으니 우리한테 맡기고 시장에 한번 가봐요. 당장 내일 재료도 어떨지 모르니까요."

"네. 다녀올게요."

눈코 뜰 새 없이 바빠 얼마 전에야 겨우 지금까지 장사한 매출과 재료값, 인건비, 각종 공과금 등을 엑셀로 정리했다. 자료를 천천히 뜯어보니 지난달과 이번 달에 장사를 어떻게 했는지 한눈에 보였다. 처음 오픈한 달에는 영수증이 제대로 없는 것도 있어서 정확한 계산은 아니었다. '오픈발'을 실감하고 나서 그다음부터는 영수증을 챙길 수 있는 만큼 챙겼다. 가끔 현금을 주고 싸게 산 물품은 영수증이 없기도 했지만 수첩에 메모해둬서 알 수 있었다. 그러나 적지 못한 것도 있었다. 구멍이라고 할 수 있는 부분이었다.

첫 달은 '오픈발'이어서 장사가 잘됐다고 생각했는데 남은 돈은 거의 없었다. 오히려 두 번째 달의 총매출이 첫 달보다 적었지만 순수익이 조금 생겼다. 그러나 매출에 큰 변화가 있는 건 아니었다.

"비용절감이 필요해. 원재료에서 줄이는 수밖에 없겠지?"

신선식품, 야채나 과일의 질을 높일 필요도 있었다. 신선도가 좋지 않아 냉장 보관을 해도 2~3일이면 장을 봐야 했다. 재료의 질도 질이지만 자주 장을 보다 보니 몸이 세 개라도 모자랄 만큼 힘들었다.

"좋아. 도매상이 드나드는 최대한 가까운 시장, 거기에서 뚫어야겠다!"

예전만큼은 아니라지만 시장에는 활력과 정이 아직 남아 있었다. 서로에게 웃으며 인사하고 안부를 묻고, 덤을 주는 손길도 여전했다. 김을 굽는 아주머니의 손길에 눈을 돌렸다. 엄청 빨라서 손이 안 보일 정도였다. 특이하게도 숯불 위에 돌을 올려놓고 김을 양손으로 쥐고 그 위를 재빠르게 쓱 왔다 갔다 하면서 단번에 김을 구워냈다.

"이렇게 구우면 더 맛있겠어요."

"그럼요. 산지직송이라 이렇게 구워서 보관만 잘하면 한 달이 지나도 눅지 않아요."

"우와, 신기한데요."

"한번 드셔봐요. 다른 집 김보다 열 배는 더 고소하고 맛이 좋으니까."

"다섯 개만 주세요."

집에도 갖다 주고, 주방 아주머니와 경수 그리고 수열과 나눠 먹으면 좋을 것 같았다. 김을 굽는 장면만 봐도 사고 싶어지는, 아주머니만의 비법은 숯불과 돌이었다.

'나도 우리 가게만의 비법으로 질 좋은 음식과 맥주를 손님에게 제공해야지.'

홍 사장은 가만히 고개를 끄덕였다. 시장 안쪽으로 들어서자 횟집 어항에 있던 싱싱한 물고기들이 홍 사장 쪽으로 헤엄쳐 왔다. 생동감 넘치는 시장의 모습을 대변하고 있는 것 같았다. 정육점 앞에는 맛있게 양념된 찜갈비가 무조건 만 원이라고 적혀 있었다. 심지어 국내산 암퇘지라니 어떻게 저런 가격이 나올까 궁금해서 물어보고 싶었다.

청과물 파는 곳이 가까워지는지 딸기 냄새가 물씬 풍겨왔다. 푸릇푸릇한 각종 야채와 색색깔의 과일도 눈에 들어왔다. 확실히 그냥 마트에서 보는 것보다 신선도가 좋았다. 보는 것만으로도 즐거웠다. 연초록 잎을 보고 있자니 쌓여 있던 피로도 풀리는 것 같았다. 품질도 좋고 가격도 좋은 걸 사가고 싶었다.

"총각, 우리 물건 좋아요. 그냥 보지만 말고 천천히 봐요. 애들한테 쏙 빠지고 말 걸."

가게 이름이 '은희네'였다. 주인 아주머니의 말이 재미있어서 걸음을 멈추었다. 주방 아주머니에게 좋은 야채 고르는 법을 물어 적고 외운 대로 잎의 초록색을 살펴보았다. 잎이 너무 진하지 않고 살짝 묵직한 게 품질이 좋아 보였다.

"제대로 고르실 줄 아네. 여기 당근도 보세요. 빛깔이 선명하고 껍질이 매끈한 게 미스코리아 감이지."

"좀 둘러보고 올게요."

그러나 다른 곳을 둘러보아도 아까 본 것처럼 물건이 좋은 곳은 없었다. 약간의 차이긴 했지만 은희네가 단연 최고였다. 하지만 품질이 좋아서 그런지 단가는 다른 곳보다 조금 비쌌다.

'조금 비싸도 좋은 재료냐. 조금 싸고 그보다 덜한 재료냐.'

박스로 구매할 경우 가격을 따져보니 큰 차이는 아니었다. 게다가 현재 사서 쓰는 재료비보다 싸기도 했다. 결정을 하고 다시 발길을 돌렸다.

"아주머니 말씀대로 얘들 매력에 빠지고 말았네요. 상추 총각이랑 미스코리아 당근요."

"호호호, 젊은 사장님이 나랑 코드가 맞네, 맞아."

홍 사장은 기분 좋게 물건을 사서 박스를 어깨에 졌다. 배에서 꼬르륵 소리가 들렸다.

"장사도 장사지만 배부터 채워야겠네. 저기 오른쪽으로 돌면 포장마차가 있어요. 거기 비빔밥이 끝내줘. 4000원인데 먹고 싶은 만큼 먹을 수 있어요. 뷔페라니까 뷔페. 여기 물건 놓고 갔다 와요."

"아, 감사합니다."

주인 아주머니가 가르쳐준 대로 오른쪽으로 돌자마자 포장마차가 보였다. 점심시간이 지났는데도 자리가 거의 없었다. 겨우 빈자리를 잡고 앉았다.

"어서 오세요. 옆에 그릇 있죠. 거기에 먹고 싶은 만큼 담아서 고추장이랑 기름 넣고 비비면 돼요. 대신 남기면 안 됩니다."

왜 뷔페라고 했는지 알 만했다. 여러 가지 나물 중에 자신이 좋아하는 나물을 골라 비벼 먹으면 되는 것이었다.

"장사가 잘되네요."

"우리 집요? 우리 집이야 이곳에서 장사한 지 오래됐죠. 가격 올리지 않는 게 원칙인데 요새 재료값도 안 나오게 생겨서 1000원 올렸어요."

"이렇게 푸짐하고 맛있는 걸 지금까지 3000원에 팔았다는 거예요?"

"네, 그게 우리 어머님 원칙이셨거든요. '시장에 오는 사람들, 장사하는 사람들한테 돈 많이 받아서 뭐하냐, 우리 집에 와서 뜨뜻한 밥 든든하게 먹고 가면 그만'이라고 늘 말씀하세요."

"멋지네요. 어머님은 오늘 어디 가셨어요?"

"아침에만 잠깐 나오세요. 나이가 있으셔서 몸이 예전같지 않으세요. 그래도 하루도 안 쉬고 나오신다니까요. 사람들 밥 먹는 얼굴 봐야 힘이 난다구요."

포장마차 사장님의 어머니 말씀을 곱씹어보았다. 이왕이면 좋은 재료로 좋은 음식을 손님에게 대접하고 싶다는 욕구가 뜨겁게 올라왔다. 여기처럼 좋은 음식을 비싸지 않은 가격에 맛있게 먹을 수 있는 편안한 가게를 만들어야겠다고 다짐했다.

'우리 가게에 있는 재료로 비싸지 않은 점심 메뉴를 개발하면 어떨까?'

다시 장사 센서가 작동하기 시작했다. 따뜻한 밥을 든든하게 먹은 덕분인 듯싶었다. 물건을 샀던 은희네로 되돌아갔다. 가게 주인은 단골손님으로 보이는 중년 여성과 친근하게 대화하고 있었다.

"요새 장사는 잘돼요?"

"네, 아주머니 덕분에요. 오늘 물건도 좋은데요."

"그럼요. 우리 집 물건이야 언제나 최고죠. 여기 계산서 가져가고 박스 무거우니까 우리 집 카트로 실어가요."

은희네 주인 아주머니는 서 있던 홍 사장을 발견하곤 환하게 웃었다.

"에구, 점심은 맛있게 자셨어?"

"네, 정말 맛있더라고요. 가격도 저렴하고요."

"그럼, 나도 거기 단골인데. 여기 챙겨둔 물건."

"그런데 방금 전 그분께는 계산서 주시던데 저한테는 안 주세요?"

"아이고! 젊은 사장님이 그건 또 어떻게 봐가지고. 사장님이 우리랑 거래하는 거 봐서 끊어줄게."

"하하하. 앞으로 꼭 거래할 거니까 믿고 주세요. 그런데 계산서는 영수증이랑 다른 거예요?"

"이런, 젊은 사장님이 아니라 애기 사장님이네. 원래 우리 같은 농수산물 파는 사람은 농수산이 세금 면제라 계산서 안 끊어줘도 돼요. 나라에서 농산물 보호하는 차원에서 부가세 안 내게 해주는 거지, 그나마 그거라도 안 내니 다행이지 뭐. 그것까지 냈으면 우리 장사 못하지."

"부가세요?"

"그래, 부가세. 물건 사면 세금처럼 다 붙는데. 맞다, 저기 커피 파는 아줌마 보이지? 저 믹스 커피 한잔에 얼마인 줄 알아요?"

"1000원?"

"시장 사람들한테는 1000원. 외부 사람들한테는 1500원이에요. 커피 넣고 물 타주는데 그것도 장사라고 부가세가 붙어. 호호. 저 아줌마가 실제로 부가세 내진 않겠지만. 난 그렇게밖에 설명 못 하겠네. 아무튼 계산서 있으면 나중에 사장님이 세금 낼 때 혜택을 보는 거지."

"지금까지 몰랐어요. 저는 다른 데서 현금 주면 깎아준다고 하길래 돈 아낀다고 신나서 현금 주고 샀는데 계산서 같은 건 안 주더라고요."

"그러니까 나 같은 사람 만나는 게 복이지. 우리도 단골한테만 해줘. 단골도 아닌데 뭐 하러 이런 걸 끊어주겠어요?"

"아, 감사합니다. 잘 좀 부탁드립니다."

"내가 젊은 사장님한테 부탁드려야지. 장사 잘하시구요."

은희네 주인 아주머니가 부가세에 대해 설명해주긴 했지만 무슨 말인지 알아듣기는 어려웠다.

+ + +

가게에 돌아오자마자 수열에게 전화를 했다.
"뭐 하나 물어보자."
"숨넘어가겠다. 뭔데?"
"내가 물건을 팔면 거기에 부가세라는 게 붙는다는데 그럼 그거 세금이냐?"
"장사 열심히 공부하기에 아는 줄 알았더니. 설마 몰랐냐? 우리 같은 개인 사업자는 7월이랑 1월에 내야 해. 너도 곧 나오겠다. 국세청 통합 홈페이지에 신용카드 등록은 했지?"
"응, 그건 했지."
"잘했어. 그거 말고 현금영수증이나 계산서 같은 건 따로 모아서 제출해야 해."
"네 말대로 오늘 재래시장에 장 보러 갔더니 아주머니가 계산서 얘기하시더라고."
"그분이 널 좋게 봤나 보다. 처음 장사를 시작할 때는 당장 눈에 보이지 않는 게 부가세야. 몇 개월이 지나야 세금으로 떡 하니 나오는데 나도 처음엔 울면서 돈 냈다. 너희 집 대표 메뉴가 뭐야?"

"대표 메뉴라, 돼지고기숙주볶음?"

"설명해줄 테니까 잘 들어라. 숙주가 2000원이고 돼지고기 3000원, 마늘 기타 등등 재료비가 2000원인데 그걸 네가 돼지고기숙주볶음으로 만들어서 1만 5000원에 팔아. 원재료 값 빼면 얼마 남지?"

"8000원."

"바로 8000원에 대한 10퍼센트 부가세를 내는 거야. 그러니까 8000원 이익이 아니라 7200원이 이익인 거지. 물론 인건비랑 가스요금 등이 빠졌지만. 그런데 네가 원재료에 대한 계산서를 가지고 있으면 국가에서 네가 우리나라 것을 꾸준히 이용해줬구나 하면서 원재료 값 중에서 8퍼센트를 감면해줘. 그러니까 매입 계산서 잘 갖고 있으면 나중에 부가세 낼 때 엄청난 혜택을 받을 수 있지."

"아! 나 진짜 울고 싶다. 지금까지 재료비랑 인건비 빼고 남은 게 순이익이라고 생각했는데!"

"그러니까 장사하는 입장에서 현금 주면 싸게 준다는 말에 속아 넘어가면 안 돼. 당장 얼마 안 되는 돈 아끼다가 세금이 더 나간다니까."

"다리품만 팔고, 헛짓한 거구나."

"브라더, 지나간 건 잊어라. 속 끓이지 말고. 그러지 말고 회계사 알아보면 어때? 네가 아무리 회계장부 잘 써도 전문가가 줄줄 새는 구멍을 척척 찾아서 절세하게 해주니까."

"그래? 전문 회계사인데 비싸지 않아?"

"자식, 겁먹기는. 그래도 그게 나아, 앞으로 장사 잘되면 규모는 더 커질 테니까 지금부터 하는 게 좋아."

"알았어."

"회계기록은 잘하고 있지? 회계사에게 도움 받더라도 다달이 기록을 잘해놔. 부가세 감면 받으려면 적격증빙이어야 하는 세금계산서, 계산서, 카드증빙, 현금영수증도 잘 모아두고."

"으아아악! 정말 나 여태까지 뭐 한 거냐! 영수증 안 받은 것도 있고, 없어진 것도 있는데."

"이러니 넌 아직 계란이라는 거야. 인마."

"기다려, 금방 병아리로 클 거다. 두고 봐라."

"참, 깜박한 게 있다. 간이영수증은 세금과는 아무 관계가 없어. 단순히 경비처리만 되는 거야. 그것도 알아둬."

수열과 통화를 마치고 이마를 한 대 쳤다. 가장 중요한 세금 문제를 너무 가볍게 생각하고 있었다. 뒤늦게라도 알게 된 게 다행이었다. 앞으로는 영수증과 계산서를 꼼꼼하게 모으고 이익에서 반드시 10퍼센트를 따로 떼어두기로 했다. 그것은 자신의 돈이 아니었으니 말이다.

이영석의 장사 필살기
절세만 잘해도 돈 번다

사업자는 1년에 부가가치세(매출액의 10퍼센트) 2번과 종합소득세 1번을 포함해 총 3번의 세금을 내야 한다. 다음과 같은 방법으로 절세가 가능하다. 일단 일반 과세자와 간이 과세자(연매출액 4800만 원 미만인 개인 사업자)는 다르다는 것에 유념하자. 농산물은 직거래나 도매로 거래할 수 있는 곳을 선정해 단골로 거래하면 계산서를 받을 수 있다. 일반 사업자는 8퍼센트의 세금 감면을 통해 절세가 가능하다. 임차료도 임대주에게 세금계산서 발행을 요청할 수 있다.

절세하려면 놓쳐서는 안 될 5가지 노하우

첫째, 사업자등록을 하고 국세청에 사업용 신용카드를 등록한다. 분기별로 카드사용 내역 조회를 할 수 있으며 별도의 증빙 자료가 없어도 매입세액공제가 가능하다.

둘째, 사업용 카드를 적극적으로 활용한다. 개인용 카드와 사업용 카드를 분리하고, 장사와 관련된 구매 시에는 사업용 카드를 사용한다.

셋째, 사업용 계좌를 이용한다. 매입과 관련된 비용 지출을 한눈에 볼 수 있어 편하고 거래 입증 자료가 된다.

넷째, 세금계산서, 현금영수증 등 적격증빙 자료를 꼼꼼히 모아둔다.

다섯째, 세무전문가의 도움을 받아 오류를 범하거나 놓칠 수 있는 부분을 방지한다. 한 달에 5~10만 원 정도면 도움을 받을 수 있다. 이 돈을 아끼려고 하다가 더 큰 세금 폭탄을 맞을 수도 있다. 세금 문제는 되도록 전문가에게 맡기길 권장한다.

더 이상은 안 되겠다,
새로운 메뉴로 승부하자

홍 사장이 새로 구입한 야채를 손질하며 주방 아주머니는 함박웃음을 지었다.

"지난 것보다 훨씬 좋네. 내가 알려준 대로 잘 고른 모양이네요."

"아주머니 덕이 큽니다."

초반엔 조미료를 넣는 것부터 시작해 설거지까지 서로 맞춰가는 과정에서 잡음이 있었지만 시간이 지나자 손발이 척척 맞았다. 회사라는 조직에서의 인간관계와는 확실히 달랐다. 돈을 주고 일을 시키는 입장이었지만 부하는 아니었고, 그렇다고 상사는 더욱 아닌데 때론 이사님 모시기보다 더 조심스러웠다.

그러나 시간이 걸렸을 뿐이지 마음이 열리자 홍 사장의 말을 잘 믿고 따라주었다. 아주머니가 준비를 하는 동안 청소 상태를 점검하고, 신선재료를 바꾸면서 생긴 차이를 숫자로 정리했다. 가격 대비 괜찮았다.

"이런 식이면 연어도 직거래를 뚫을 수 있지 않을까?"

곰곰이 생각에 잠겼다. 좀 더 좋은 재료를 직거래로 받을 수 있다면 원가절감은 물론 품질 좋은 재료를 공급받을 수 있을 터였다. 몇 군데 업체를 찾아내서 전화번호를 따로 옮겨 적었다.

"소매라서 해줄지 안 해줄지 모르지만 일단 부딪쳐보자."

그러자 이번에는 가공식품이 마음에 걸렸다. 현재 납품받는 곳과 다른 곳을 인터넷을 통해 비교해보았다. 가격은 비슷했지만 실제로 물건을 받아보지 않았으니 품질은 알 수 없었다. 소규모 가게를 운영하는 블로그를 찾아보다가 중요한 팁을 하나 얻었다. 가공식품은 대부분 수입 원재료일 경우가 많은데 그럴 경우에는 가격 대비 질이 높은 대형 마트를 이용하면 좋다는 것이었다.

다만, 거리가 너무 멀다는 게 흠이었다. 알아보니 그곳에서 대신 장을 봐주고 배송을 해주는 배송업체도 있었다. 그렇지만 당연히 배송비가 붙었고 품목이 다를 경우 품목마다 배송비가 붙는 게 흠이었다.

"이래서는 안 되겠는데."

"사장님, 뭐 하는데 그렇게 고민하고 계세요?"

언제 왔는지 경수가 옆에 와서 물었다.

"어떻게 하면 가격 대비 좋은 재료를 구할까 궁리하고 있는데, 가공식품은 여기에서 사면 어떨까 하는 생각이 들어서."

"와! 여기 맛있는 거 많은데. 빵도 맛있고, 큰 포대에 있는 팝콘도 맛있고."

"입에서 침 떨어지겠다."

"거기는 평일 날 늦게 가는 게 딱이에요. 사람도 별로 없고, 차로 가면 1시간 거리를 30분이면 가니까요. 그래서 저는 가끔 어머니 따라 가는 걸요."

"기특하다 기특해. 어쩜 그렇게 머리 회전이 빠르냐."

"에게, 이게 무슨 머리 회전이에요. 당연한 거 아니에요?"

홍 사장은 엄청난 아이디어라고 생각했는데 경수는 익숙한 생활인가 보았다. 이런 데서 요즘 애들은 따라갈 수 없다는 생각이 들었다.

"세대 차이인가? 내가 늙었나?"

"네?"

"아니, 아니야. 고맙다. 경수야!"

홍 사장은 경수의 등을 세게 두드려주었다. 그러고 있노라니 마치 자기가 수열이 된 것 같았다.

'이렇게 표현이 과감하지는 않았는데.'

가게를 하면서 자신이 조금 변했다는 생각이 들었다. 사람들이 레드 3.0에 와서 원하는 게 무엇일지 생각하면서 사람에 대해 마음을 더 열게 되었다. 먼저 인사하고, 먼저 웃고, 먼저 말을 건네는 게 습관이 되면서 적극적인 사람으로 변하고 있었다.

✛ ✛ ✛

"자, 용기를 내자 홍상인!"

심호흡을 크게 하고 통화 버튼을 눌렀다.

"안녕하십니까. 저는 레드 3.0이라는 작은 술집을 운영하는데 직접 거래를 하고 싶습니다."

"저희 공장 인터넷 오픈 마켓도 있는데요."

"네, 알고 있습니다. 하지만 저는 소규모 가게라 직접 거래를 하고 싶어 전화를 드렸습니다."

"제 담당이 아닌데. 잠깐만요, 담당자 번호 알려드릴게요."

잠시 기다리자 전화번호 하나를 불러주었다. 아까보다 더 크게 심호흡을 하고 통화버튼을 눌렀다.

"젊은 사장님이 고생하시네요. 어떻게 알고 여기까지 전화를 다 주시고. 우린 소매는 안 하는데 어떡한다……."

"납품업체에 보내신다 생각하시고 해주십시오."

"그럽시다. 하하하. 요즘 사장님 같은 사람도 드물어서 기특해서 해주는 겁니다. 대신 물량은 어느 정도는 꼭 지켜줘야 합니다. 조금은 안 돼요. 납품업체 보내는 것처럼 수수료는 빼드릴게요."

"네! 정말 감사합니다."

고심 끝에 연어 가공공장에 직접 전화를 한 참이었다. 인터넷 창에 훈제연어를 치니 순식간에 많은 사이트가 떴다. 연어는 대부분 수입산이기 때문에 수입처가 아니라 국내에서 수입을 받아 가공 처리하는 공장을 찾았다.

인터넷 오픈 마켓은 편하게 물건을 받아볼 수 있지만 여러 가지 제반 비용이 다 들어 있기에 직거래를 하면 조금이라도 싼 값에 구할 수 있겠다는 생각에서였다. ==최대한 생산자에게 가까이 가면 유통과정 한 단계가 빠지는 셈이므로 그만큼 원가를 절감할 수 있었다.==

한 달, 일 년으로 계산해보면 확실히 비용이 절감되었다. 반면에 불편함을 감수해야 하는 단점도 있었다. 공장에 가서 현장도 보고, 인사도 하면서 지속적인 관계를 유지해야 했다. 더 큰 불편함은 통으로 온 연어를 직접 잘라야 한다는 것이었다. 연어가 도착하던 날 홍 사장은 물론 주방 아주머니와 경수까지 커다란 연어 덩어리를 신기한 듯 바라보았다.

새로 공급받은 연어는 대히트였다. 공장에서 직접 받아서 홍 사장이 썰어낸 연어는 싱싱하기가 예전 것과 비교할 수 없었다. 색깔도 곱고 식감도 훌륭했다.

"사장님! 오늘 연어샐러드 주문이 많은데요. 저쪽 여자 손님들이 연어 듬뿍 넣어서 한 접시 더 시키셨어요. 그런데 예전하고 다르게 연어 모양은 좀 아니라고 하네요."

"역시 우리 손님들은 눈썰미가 좋아. 맛은 역시 내 손 맛 덕분이지. 하하하."

"모양은 그래도 연어가 너무 맛있대요. 맥주도 인기 좋고요. 귀찮긴 해도 얼린 잔으로 계속 바꿔주니 손님들 반응이 좋네요."

"그러게. 고생한 보람이 있다."

"그나저나 사장님, 요즘 너무 무리하는 거 아녜요? 인사에 청소에 물건 떼러 시장까지 가시고."

"장사만 잘된다면 이 정도야 뭐. 그보다 100일 오픈 기념에 새로운 메뉴를 좀 선보여야겠어. 도시락도 한번 생각해보고."

"이러다 떼돈 버시겠어요."

"하하하. 떼돈 좀 벌어보면 좋겠다. 어떻게 생겼는지 한번 보게."

경수에게 말은 그렇게 했지만 무리는 무리였다. 아침에 일어나니 식은땀을 흘려서 이불이 죄다 젖어 있었다. 아무래도 병원에 들렀다 출근하는 게 나을 것 같았다. 과로였다. 영양제를 맞는 사이에 잠이 들었다. 어디에선가 휴대전화 벨소리가 났다.

"어, 네, 여보세요."

"사장님, 목소리가 왜 그래요? 어디 아프세요?"

"응, 아니. 별거 아니야. 왜?"

"손님 몇 분이 너무 일찍 오셨는데. 어떡하죠?"

"일단 오셨으니 안내해드려."

"네, 알겠습니다. 언제 들어오세요?"

"금방 갈 거야."

오일러에서 일을 시작하기 전에 수열과 직원들이 회의를 하던 게 생각났다. 모르는 일이 생길 때마다 일일이 설명하는 것보다 그날 장사를 시작하기 전에 어떻게 할 것인지 공유하는 게 효과적일 듯했다. 영양주사와 숙면 덕분인지 몸도 훨씬 가벼웠다.

+ + +

"어때요?"

"맛있긴 한데 쭈꾸미만 있으니 좀 매운 것도 같고. 야채를 더 넣으면 어떨까?"

"괜찮겠네요. 아구찜처럼 콩나물은 어때요? 아니면 미나리?"

주방 아주머니와 새로운 메뉴에 대해 의논하는데 경수가 다가왔다.

"콩나물은 지저분해 보이니까 숙주가 어때요?"

"그러네, 경수 말대로 콩나물보다는 숙주가 낫고, 색깔 생각하면 미나리가 낫고."

"그럼 한 번 더 요리해서 뭐가 더 맛있는지 볼까요?"
"가격도 생각해야죠."
"맞네. 나보다 경수 네가 낫다."
경수가 갑자기 어깨를 흔들었다.
"사장님 칭찬에 저는 춤을 춥니다. 하하하."
"또 새로운 메뉴 뭐가 좋을까요?"
"닭발 어때요?"

"아주머니가 드시고 싶은 거 아녜요?"
"아니, 먹고 싶다기보다는 내가 뼈 없는 닭발로 한 요리 하거든."
"와, 저도 먹고 싶어요!"
"닭발 요리 추가!"
"소스 매콤하게 해서 떡도 넣고 떡볶이처럼 만들면 어떨까요? 우리 가게 여자 손님들도 많은데 떡볶이 좋아할 것 같아요. 거기에 콜라겐 듬뿍 들어간 닭발까지. 닭발떡볶이는 어디에도 없는 메뉴잖아요. 소스 잘 만들면 대박 칠 것 같은데요."
"그거 대박이겠다. 경수야, 넌 천재다!"

혼자 고민할 때보다 셋이 이야기하면서부터 아이디어가 마구 쏟아졌다. 경수와 아주머니는 생각나는 게 있을 때마다 바로 말해주었다. 물꼬가 터지자 자연스럽게 서로 의견을 주고받았다.

"경수야, 저번에 말한 대로 비품은 창고에 둘 거니까 네가 하루에 한 번씩 체크해서 나한테 말해줘라. 그러면 저번처럼 물건이 떨어지는 일은 안 생길 테니."

"네, 사장님! 오픈 시간이랑 마감 시간도 좀 일정하면 좋겠어요. 저번처럼 일찍 손님이 오셨을 때 어떻게 해야 하는지도 좀 헷갈리고요."

"그래, 나도 그 생각은 하고 있었어. 목요일에는 장사가 잘되니까 좀 늦게 끝나더라도 대신 월요일 같은 날은 좀 일찍 끝내자. 또 생각나는 거 있으면 말해주라."

"넵! 사장님! 사장님, 전화 오는데요."

"하하하. 그런 건 말 안 해도 알아."

전화의 주인공은 단골인 근처 회사 영업부 팀장이었다.

"아이고, 어쩐 일이세요. 팀장님께서 전화를 다 주시고. 네, 네. 아, 물론 가능하지요. 네. 알겠습니다. 감사합니다."

전화를 끊고 경수만 멍하니 바라보았다.

"왜 그러세요? 무슨 전화에요?"

"경수야."

"네."

"우리 어떡하냐."

"왜요? 무슨 일인데요?"

홍 사장이 일부러 심각하게 목소리를 낮추었다.

"도시락 30개 만들어달래. 연어 덮밥으로. 반찬도 필요 없대. 단무지면 된대. 연어만 많이 넣어서 맛있게 해달래!"

"꺄악! 아싸!"

경수가 환호성을 질렀다. 홍 사장까지 소리를 지르는 바람에 주방 아주머니까지 밖으로 뛰쳐나왔다.

"도시락 주문이 들어왔어요. 그것도 단체로 30개씩이나요!"

"와아, 우리 앞으로 도시락 메뉴도 만들어요."

"그래. 그거 좋다. 점심 장사도 신 나게 해보자."

레드 3.0을 믿고 주문이 들어왔다는 사실 자체가 좋았다.

"연어 덮밥은 크게 어렵진 않으니까 앞으로도 계속하고. 다른 도시락은 뭐가 좋을까? 가게에서 잘 팔리는 걸 먼저 넣으면 좋겠지?"

"네, 메인 반찬 생각하고 부수적인 반찬 몇 개 넣을 건지도 정하구요."

"그럼, 돼지불고기를 메인으로 하고, 달걀말이랑 또……. 국물은 없어도 될까?"

"국물이 들어가면 가격을 더 높여야죠. 국물 빼면 가격을 조금 낮추고요."

손바닥을 쫙 펴서 경수와 하이파이브를 했다. 마주친 손바닥에서 경쾌한 소리가 울려 퍼졌다. 새로운 판로가 보였다. 하늘 높이 날아오를 것 같은 기분이었다.

이영석의 어드바이스

펼치고 쌓아 풍성하게 담아라! 푸짐하고 풍성하게 담아 예쁘게 하라. 음식을 담아내는 그릇이나 냄비만 바꿔도 한결 보기 좋아진다. 보기 좋은 떡이 먹기도 좋다는 옛말을 흘려듣지 마라! 백 마디 말보다 한 번 보는 것이 낫다. 미리 조리하지 말고 신선한 재료를 직접 눈으로 확인시키면 신뢰감을 높일 수 있다.

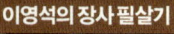

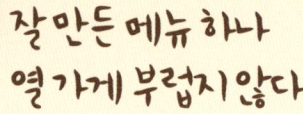

1. 기본메뉴를 변종하라

장사를 시작하기 전 아이템을 고민할 때 메뉴도 함께 생각하는 것이 좋다. 한 가지 메뉴에서 장사 아이템으로 발전하는 경우도 있다. 특히 먹을거리 장사라면 메뉴의 종류와 맛이 성공의 관건이다.

기본메뉴는 지나치게 다양한 재료가 필요한 음식보다 중요한 재료 몇 가지로 만들 수 있는 음식으로 선정한다. 예를 들어 볶음 종류라면 오징어, 삼겹살, 오삼(오징어와 삼겹살) 등 메인 재료만 바꾸는 식이다. 치즈 베이글이라면 그 안에 바르는 크림치즈 종류는 열 가지도 넘을 수 있다.

2. 소스의 마법을 부려라

새로운 메뉴를 개발할 때는 쓰지 않던 새로운 재료를 사용하는 것보다 쓰던 재료를 바탕으로 만드는 것이 좋다. '원 소스 멀티 유즈' 방식을 사용하면 중요한 재료만 집중적으로 구매하기 때

한 가지 기본 메뉴에서 가지치기를 하라. 어묵 하나로도 이렇게 다양한 맛이 탄생한다.

문에 최종적으로 원가절감의 효과가 있다. 시간과 조리 과정 면에서도 효율적이다.

3. 계절 메뉴 속도가 관건이다

계절 메뉴의 경우 주변에 있는 동일 업종의 가게보다 먼저 내놓아야 한다. 계절 메뉴라고 해도 기존의 것에서 응용된 경우가 많으므로 비슷한 메뉴가 다른 가게에도 있을 확률이 높다. 선점을 하면 고객은 첫 가게를 '원조'로 기억하고 찾아온다.

4. 원가절감, 패러다임의 전환이 필요하다

메뉴 변화로 원가절감도 가능하다. 우동이나 파스타 면의 원가가 상승한다면 국수를 이용한 새로운 메뉴를 시도한다. 단, 고객 만족도가 떨어지지 않도록 주의한다. 소규모 사업체인 경우 시간보다 비용절감을 선택하고 싶다면 오픈 업체보다 직거래나 도매로 거래할 수 있는 곳을 선정해 그곳과 집중적으로 거래한다. 품질 대비 비용이 저렴하고 꾸준히 거래할 경우 단골의 신뢰가 생겨 단가비용을 내려주는 이점도 생긴다. 당장 눈앞의 이익 때문에 이 집 저 집에서 현금으로 거래하는 것보다 단골 업체를 선정하는 것이 장기적으로는 이익이다.

서비스 하나에도
즐거움을 불어넣어라

이제 정말 자리를 잡았다고 생각될 만큼 장사는 순조로웠다. 모처럼 쉬는 날, 블로그에서 평이 좋은 가게를 찾아 아버지를 모시고 나섰다. 일본요리 전문점이었다. 아버지와 둘만의 외식은 조금은 쑥스러웠다. 하지만 점심 장사까지 하느라 바빠진 이후 얼굴 마주보고 밥 한 끼 제대로 못 먹었다.

가게를 향해 길을 걸으면서도 눈에 띄는 가게들이 있으면 유심히 바라보고 사진으로 찍고 메모했다. 무엇을 보아도 장사의 촉이 반짝였다.

"이쯤이었는데? 아! 저기 있다!"

가게에 들어가자마자 가운데에 크게 주방이 눈에 보였다. 주방을 중심으로 빙 둘러 탁자와 의자가 보기 좋게 놓여 있었다. 위생에 자신 있는 사람들만 도전한다는 오픈 주방이었다.

"가게가 깔끔하네."

"그러네요. 여기 초밥이랑 면 요리가 특히 맛있대요. 오늘은 제가 한 턱 쏩니다."

"하하하. 아들 덕분에 호강하는구나."

주문을 받으러 온 사람에게 추천을 부탁했더니 오늘 가장 좋은 음식과 평소에 많이 나가는 음식, 그 이유를 간단하게 말하는 말솜씨가 보통이 아니었다. 가게 주인인 듯했다. 주문을 받고난 후 깍듯이 인사하고 주방에 메뉴를 전달했다.

"정갈하고 좋다. 음식으로 사기 치지 않을 것 같고."

음식이 나온 후에도 두 사람은 계속 이야기를 나누며 웃었다. 반주로 시킨 맥주를 받으며 아버지가 물었다.

"장사가 그렇게 좋냐?"

"갑자기 왜 그러세요?"

"아까 오는 길에도 계속 가게 인테리어 사진 찍고, 요리에 대해서 계속 궁금해하고, 무슨 이야기를 하든 장사로 연결되고."

"하하하. 어려운데 재미있고, 속 터지다가도 신 나고. 그게 장사하는 맛 같고 그래요."

"장사 안 했으면 어쩔 뻔 했냐."

아버지가 웃음을 터뜨렸다. 이야기를 나누다 보니 요리가 나왔다. 요리는 가게 분위기만큼이나 깔끔했다. 반쯤 먹었을 때였다. 주인이 자리로 다가와서 물었다.

"맛은 괜찮으세요? 어떤 분들은 조금 성겁다고 하던데."

"저희 입맛엔 딱 맞아요. 맛있어요."

아버지는 주인과 자연스럽게 대화를 이어갔다. 마치 어제 만난 친구를 보듯 편한 분위기였다.

"어떻게 여기 가게를 내게 됐어요?"

"일본에서 요리 공부를 했는데 돌아와서 가게를 열려고 보니 월세가 너무 비싼 거예요. 생각보다 규모를 줄일 수밖에 없었죠. 사기도 두 번 당하고 여러 가지로 난관에 부딪혔어요. 이 가게 낼 때도 고민이 많았어요. 돈도 돈이지만 심적으로 위축되어 있었거든요. 인테리어도 큰 공사 빼고는 저희가 거의 다 했어요."

"아이고, 고생 많았네."

아버지 옆에서 홍 사장도 한 마디 거들었다.

"우와, 대단하시네요. 깨끗한 점도 좋지만 굉장히 좋은 서비스를 받는 기분이 들어요."

"하하하. 오시는 분들도 그런 말씀을 많이 해주세요."

"그래도 매일 그렇게 하는 일이 쉬운 일은 아닐 텐데……."

"좋아하니까요. 가게는 공을 들이는 만큼 티가 나거든요."

주인은 자신 있는 목소리로 말했다.

"가게는 살아 있어요. 사람하고 똑같아요. 제가 돌보고 어

장사를 잘하려면
진짜 이익과 가짜 이익을 구분할 줄 알아야 해.

고정비, 변동비 모두 계산한 후에
남는 돈이 진짜 이익이야.
네 시간과 노력만큼 소중한 기회비용은 없어.

==루만지는 만큼 보답을 하지요. 한순간이라도 마음을 놓을 수 없다니까요.=="

주인은 눈을 찡긋 하더니 다른 테이블로 주문을 받으러 갔다. 홍 사장과 아버지는 기분 좋게 웃었다. 주인의 세심한 서비스가 돌봄과 어루만짐처럼 느껴졌다. 단순한 서비스 이상의 마음 씀씀이였다. 다시 한 번 가게를 둘러보았다. 누군가 자신의 가게에 왔을 때, 자신이 느끼는 이런 기분을 가져준다면 얼마나 근사할까 하는 생각이 들었다. 돌보고 어루만지는 마음이 느껴지는 서비스가 있는 가게는 언제 와도 기분이 좋은 법이다.

+ + +

대빵을 만나러 가는 길, 유난히 발걸음이 가벼웠다. 그동안 말했던 인사와 청결은 부끄럽지 않을 정도로 열심히 실천하고 있었다. 무엇이든 빨아들이는 스펀지처럼 대빵의 말이라면 최선을 다해 행동으로 옮겼다.

"드디어 세 번째 비법을 말할 차례군요."

초롱초롱한 눈으로 대빵을 쳐다보았다. 대빵이 웃음을 터뜨렸다.

"하하하. 눈에 힘이 빡 들어가 있네요."

"아, 저도 모르게 그만. 눈에 힘을 좀 빼겠습니다."

"눈에 힘을 주고 손님들을 바라보세요. 그분들이 무엇을 원하는지."

"네!"

"그게 비결이에요."

"네?"

"==장사를 잘하기 위한 세 번째 비법은 서비스에요. 손님들이 무엇을 원하는지 세심하게 알아채는 거죠. 이걸 제대로 해야 장사하는 맛이 나요.== 서비스가 한결같은 집은 거의 대부분 잘됩니다."

대빵은 부드럽지만 단호하게 말했다.

"한결같아야 한다고요?"

"설명하자면 이런 거예요. 서비스를 덤이라고 생각하면 안 된다는 거죠. 얼마 전에 아내랑 카페에 갔는데 주인이 리필을 해줬어요. 그런데 그 이후로 다시는 안 가요."

"왜요?"

"리필 해준 커피 맛이 별로였거든요."

"아!"

"차라리 안 주느니만 못하죠. 서비스를 그냥 막 퍼주는 거라고 생각하지 말아요. 그러면 가게가 안 될 때 서비스는 언감생심 꿈도 못 꿔요. 그런 변수와 상관없이 최상의 품질로 꾸준히 해야 해요."

"대빵이 했던 기억에 남는 서비스는 어떤 건가요?"

대빵은 싱긋 웃었다. 침을 꿀꺽 삼키며 대빵의 말을 기다렸다.

"셀 수 없이 많아요. 배달 다녀오는데 자주 오시는 할머니가 걸어가시기에 댁에 태워드리면서 가봤더니 가구를 옮기셔야 한다대요. 그래서 옮겨드렸죠."

"엥? 가구까지요?"

"그런 건 아무것도 아니에요. 몸 쓰는 건 그나마 좀 쉬운데 머리를 써야 할 때에는 저도 힘들 때가 있어요."

"머리까지 쓴다고요? 어떤 걸요?"

"단골 아주머니의 아들이 기숙사 학교에 있는데 한 달에 한 번 집에 온대요. 그러면 다음에 올 때에는 그걸 기억하고 얘기를 하는 거예요. 만약 아들이 포도를 좋아한다고 쳐요. 그럴 때 그 아주머니가 오시면 '아드님 언제 오세요? 좋은 포도가 들어왔는데 아드님 생각이 나서요.' 이렇게 이야기하는 거죠. 이건 단순히 화법만이 아니고 내가 진짜 그런 마음이 들어서예요. 한 달에 한 번 와서 집에서 늘어지게 쉬는데 자기가 좋아하는 과일 먹으면서 텔레비전 보고 뒹굴면 얼마나 좋겠어요. 그때 과일은 휴식에 도움을 주는 것이 되잖아요. 장사하는 사람은 자기 손님에게 애정과 관심을 주어야 한다고 생각해요."

입이 딱 벌어졌다. 그런 것까지 해야 할 거라고 생각하지 않았다. 문득 대빵이 어떻게 장사를 시작하게 되었는지 궁금해졌다.

"책에서 읽었겠지만, 대학을 졸업하고 회사에 들어갔는데 제가 한 일을 상사가 가로챘어요. 못 참고 때려치웠죠. 하지만 막상 사회에 나와보니 할 수 있는 일이 없는 거예요. 그래서 시작한 게 장사에요."

"그럼 정말로 하고 싶어서 한 일은 아니었어요?"

"그런 셈이죠. 특별한 기술이 있었던 것도 아니고, 돈이 있었던 것도 아니고. 저에게 장사는 생존의 마지막 수단이었어요."

"하지만 지금은 굉장히 성공하셨잖아요."

"쉽게 얻은 성공은 아니죠. 처음엔 장사를 배우고 싶어서 오징어 트럭행상을 돌아다녔는데 1년 동안 무보수로 일을 배웠어요."

"무보수로요? 그것도 1년씩이나?"

"배우기 위해선 그것보다 더 한 일도 할 각오가 되어 있었거든요. 그렇게 일을 배우면서 억울한 일도 많이 당했죠. 하지만 그때마다 이를 악 물었어요. 반드시 장사로 성공하고 싶었거든요."

"왜 그렇게까지 장사를 하려고 하셨어요?"

"그것밖에 길이 없었으니까요."

"그만큼 절실했군요."

"맞아요. 그때 그 절실함이 없었다면 지금의 저도 없을 거예요."

왜 그렇게 절실해야 했냐고 묻는다면 바보 같은 질문일 것이다. 왠지 그 마음을 알 것도 같았다. 그리고 아직 자신에겐 대빵이 지녔던 그런 절실함이 없다는 생각이 들었다.

"절실함을 품은 사람은 행동부터 달라지죠. 눈빛, 걸음걸이, 말투까지도 변해요. 장사에 미치면 그렇게 되더라고요. 제가 경험을 해서 그런지 사람을 보면 알아요. 저 사람이 지금 미치도록 열심히 장사를 하고 있는 건지, 마지못해 하고 있는 건지요."

홍 사장은 고개를 끄덕였다. 대빵의 말에 떠오른 사람은 수열이었다. 수열을 보면 알았다. 그녀가 얼마나 장사에 미쳐 있는지를. 문득 궁금했다. 수열이 자신을 볼 때도 이런 생각을 할지 말이다.

"아직 멀었지. 넌 계란이니까. 하하하."

수열의 목소리가 들리는 것 같아 피식 웃고 말았다. 이야기는 대빵의 트럭 장사 시절로 넘어갔다.

"트럭에서 과일을 팔 때 늘 바나나가 고민이었어요. 다른 과일보다 빨리 물렀거든요. 그날 떼 온 바나나는 그날 다 팔자고 결심했죠."

"그래서 다 파셨어요?"

"물론이죠. 엄청나게 능력 있는 조수를 데리고 다녔거든요."

대빵이 말한 조수는 원숭이였다. 어렵게 구했지만 바나나 먹는 원숭이는 어디를 가나 인기 만점이었다. 바나나 몇 상자가 오후 한 나절 만에 다 팔렸다. 이런 기발한 아이디어에는 홍 사장도 두 손 두 발 다 들 수밖에 없었다.

장사의 세 번째 원칙인 서비스에 대한 대빵의 말에 큰 기운을 받았다. 집으로 돌아오는 길, 공기가 유난히 청량했다. 상쾌한 밤바람이 홍 사장의 등을 살짝 밀어주었다.

이영석의 어드바이스

고객의 시선을 끌어야만 살아남을 수 있다. '총각네 야채가게'가 성공할 수 있었던 데는 손님의 눈길을 끌어당기는 총각네만의 아이디어가 주효했다. 바나나 하나를 팔더라도 그냥 팔지 않았다. 바나나, 하면 떠오르는 게 뭘까? 바나나로 손님들을 재미있게 해주려면 어떤 방법이 있을까? 바로 원숭이다. '맛없는 바나나는 원숭이도 먹지 않는다'는 재미난 아이디어에서 시작해 황학동 도깨비시장에서 비싼 값에 원숭이를 데려와 바나나를 홍보했다. 화젯거리가 된 것은 물론 입소문도 났다. 그리고 여기서 한 가지 더 명심해야 할 것! 아이들의 호기심이 엄마의 지갑을 열게 한다!

하루하루
반드시 성장하라!

오픈 100일이 되었다. 열심히 만든 신 메뉴도 내놓을 예정이었다. 오픈 100일 기념으로 가격도 10퍼센트 인하했다. 맥주 3병마다 3병을 무료로 주는 파격 이벤트도 함께 진행했다. 서비스는 전보다 양을 더 늘렸다.

"이벤트는 일주일 동안 진행할 거예요. 기쁘게! 즐겁게!"

"네! 오픈 100일 기념 파이팅!"

"어서 오십시오."

"정말 3병마다 3병 무료에요?"

"네, 맞습니다. 레드 3.0 오픈 100일 기념입니다. 함께 축하해 주세요."

홍 사장과 경수는 들어오는 손님마다 힘차게 인사했다.

"이건 제가 드리는 특별 서비스입니다. 새로 개발한 간장 소스에 원기를 회복시켜주고 독소를 빼주는 숙주나물이 담백하고 부드러운 고기와 조화를 이룹니다. 맛보시고 평가해주세요."

손님이 끊이지 않았다. 마치 오픈 첫 날 같았다.

'오늘만 같다면야.'

이런 생각이 절로 들었다. 오랜만에 빈자리가 없을 정도로 북적여서인지 경수도 신이 나서 인사를 하고 주문을 받았다. 그야말로 정신없이 하루 장사를 마감했다. 주방 아주머니가 퇴근한 후 경수와 함께 대충 정리를 했다. 내일 일찍 나와서 마저 정리를 하는 게 나을 것 같았다.

"사장님, 장사도 끝나고 오랜만에 우리도 한잔 어때요?"

"그럴까, 우리도 시원하게 한잔하자. 오늘 정말 수고 많았다."

"사장님도 정말 수고 많으셨어요."

얼음처럼 차가운 잔에 담긴 맥주가 시원했다. 속이 뻥 뚫리는 느낌이었다.

"사장님, 오늘 만큼만 장사 잘되면 좋겠네요."

"그러게 말이다. 나도 정말 그런 생각 들더라."

"우리 가게 정말 잘될 것 같아요. 사장님 노력하는 거 보면서 저도 감동 먹었다니까요. 어떤 때는 너무 무식하게 하는 것 같기도 하지만요. 죄송해요. 헤헤."

"하하하. 나도 요즘 고민이다. 아침에 일어나는 게 점점 힘들어. 네 말대로 무식하게 하고 있는 것 같다. 하지만 이제 겨우 100일이잖냐. 장사 전문이 되려면 멀었지."

"하긴 하루 15시간 꼬박 했다고 해도 겨우 1500시간이네요. 누가 그러는데 전문가가 되려면 1만 시간은 그 일을 해야 한다면서요?"

"그런 얘기는 어디서 들었냐."

"여자 친구가요. 책에서 읽었다면서 저한테 어찌나 강조하던지. 사장님은 연애 안 하세요?"

"내가 지금 연애하게 생겼냐? 장사하기도 바쁜데."

"어라? 자주 전화하는 분, 여자 친구 아니었어요?"

"오 마이 브라더?"

"아니, 사장님, 남자 사람하고 그렇게 자주 연락하신 거예요?"

"아니, 마이 브라더, 여자 맞아."

"그런데 왜 브라더라고 하세요?"

"워낙 옛날부터 그렇게 지내서. 스스럼없고, 의리 있고, 추진력도 장난 아니거든. 멋진 놈이지."

"헤에~"

경수가 의미심장하게 히죽 웃었다. 홍 사장은 경수가 웃든지 말든지 맥주만 벌컥벌컥 들이켰다.

✦✦✦

다음 날 일어나자 몸이 천근만근 무거웠다. 아무래도 몸살이 단단히 난 듯싶었다. 신 메뉴 개발에 100일 이벤트 준비에 지나치게 무리한 게 원인이었다. 하지만 어젯밤 정리 못 한 가게를 떠올리며 억지로 몸을 일으킬 수밖에 없었다.

일요일 오전에 가게에 들러 정리를 한 후 한강으로 갔다. 바람을 쐬면서 걷고 싶었다. 곳곳에 운동하는 사람들이 있었다. 앞으로 체력을 보강해야겠다는 생각이 들었다. 일정한 시간에 일어나서 운동을 하는 게 좋을 것 같았다. 수열이 생각났다. 장사는 정신적으로 체력적으로 엄청난 에너지를 요구하는 일이었다. 이런 시간을 어떻게 견디는 건지 궁금했다. 카톡을 보냈다.

홍 사장: 뭐해?

수열: 쉬는 날. 숨 쉰다.

홍 사장: 나도 오늘 쉬는 날.

수열: 만날까? 어디야?

홍 사장: 한강. 반포대교 아래.

이후로 답이 없었다. 20분쯤 지났을 때 갑자기 누군가 뒤에서 목을 졸랐다. 수열이 자전거를 보여주며 씩 웃었다.

"자전거? 언제부터 탄 거야?"

"작년에 자전거 동호회 들었잖아. 여름에 국토 횡단도 했는데."

장사를 시작한 후 체력이 떨어져서 자전거를 타기 시작했다고 했다.

"너도 요새 힘들지? 몸이 후달리는 걸 팍팍 느낄 시기인데."

"안그래도 딱 그렇다. 자전거 타면 좋냐?"

"이게 말이다……."

수열의 눈이 번쩍, 빛났다. 뒤늦게 후회했지만 이미 때는 늦었다. 수열의 눈이 번쩍 빛날 때는 이야기가 끝날 때까지 듣고 있을 수밖에 없다는 것을 이미 오랜 경험으로 알고 있었다. 오일러 이야기를 할 때처럼, 장사 이야기를 할 때처럼. 수열의 자전거 사랑은 끝을 모르고 쏟아져 나왔다.

"하지만 내가 자전거를 타는 이유는 오르막과 내리막 때문인 것 같아."

"그건 또 무슨 소리야?"

"자전거를 타면 몸이 예민해져서 오르막과 내리막을 금방 구분하거든. 길이 평탄한 것 같아도 절대 그렇지 않아. 수없이 많은 오르막과 내리막이 있지. 숨이 턱턱 막힐 정도로 힘든 오르막일지라도 영원히 지속되진 않아. 반드시 끝이 있고 그 끝은 내리막이지. 우리 인생처럼 말이야. 장사도 비슷해."

홍 사장은 어느새 수열의 말에 귀를 기울이고 있었다. 그녀는 분명 자유분방한 괴짜였다. 그러면서도 한편으로는 무섭게 성실하고 책임감이 강했다. 자신만의 경험에서 통찰을 이끌어내 삶에 적용하는 면은 친구로서 존경스러웠다.

그동안 가슴에만 담아두고 꺼내지 못했던 말들을 수열에게 말하기 시작했다. 진상손님, 음식에 대한 냉정한 평가 등 장사하면서 속상하고 억울했던 일을 죄다 털어놓았다. 수열도 장난기를 거두고 담담하게 들어주었다. 그러더니 홍 사장을 보며 환하게 웃었다.

"장사 맛 좀 봤나 보다? 이제야 병아리 같은데?"

"하하하. 다행히 계란 프라이로 끝난 인생은 아니네."

"응. 이젠 날개를 무럭무럭 키워봐."

"참, 그러고 보니 은근히 섭섭하네. 너 우리 가게 온 적 아직 한 번도 없지?"

"조만간 한번 들릴게. 정말 좋아하는 장사니까 실컷 해봐. 하지만 지나치게 애쓰면 오래 못 가. 장사하다 제 풀에 지쳐 나가떨어지는 사람들은 자기 스타일 없이 애만 써서 그래. 자연스러운 자신의 버릇과 매력을 장사의 키포인트로 삼아. 그럼 망하진 않을 거야."

수열과 장사 이야기를 하는 게 즐거웠다. 햇살 아래 웃고 있는 수열을 보자 갑자기 열이 났다.

'어? 왜 이렇게 덥지?'

연신 손으로 부채질을 했다. 햇빛에 반짝이는 강물에 눈이 부셨다.

✤ ✤ ✤

주말을 잘 쉰 덕분인지 월요일은 아침부터 기운이 났다. 평소보다 일찍 출근해서 오픈 기념행사를 끝내고 매출 현황을 정리했다. 원가절감을 하기 위해 직거래를 한 것이 확실히 효과가 있었다. 그러나 눈에 띄게 이익창출로 이어진 건 아니었다.

'3병마다 3병 서비스는 좀 무리였나. 50퍼센트 할인을 한 셈이니.'

놓치고 있는 점이 더 있다는 생각이 들었다. 서비스 양이나 메뉴를 정확하게 정해놓지 않았다는 생각이 들었다. 주먹구구식이 아니라 좀 더 디테일한 시스템을 만들 필요가 있었다.

"어서 오세요!"

경수의 목소리만 듣고 고개를 들다가 깜짝 놀랐다. 대빵이 서 있었다.

"가게가 기분 좋을 정도로 깨끗하네요. 주인의 정성이 느껴져요."

"감사합니다."

칭찬을 들으니 기분이 한껏 좋아졌다. 테이블에 자리를 잡고 앉았다. 칭찬을 받았지만 대빵의 눈에는 단점이 보일 것만 같아 긴장을 놓을 수 없었다.

"갑자기 찾아와서 놀랐어요?"

"하하하. 네, 조금이요. 연락도 없이 어쩐 일이세요?"

"그냥 불쑥 들러보고 싶었어요."

대빵은 사람 좋은 표정으로 웃었다. 친형 같은 분위기였다.

"그동안 어려운 건 없었어요?"

"끝도 없죠. 하나 알면 모르는 게 두 개 나오고. 좌절하고 극복하고 계속 그렇게 지냈습니다."

"본래 다른 사람의 일은 쉬워 보이고 대충하는 것처럼 보여도 실제로 해보면 전혀 다르죠. 지금처럼만 해요. 잘하고 있어요."

"사실 고민이 있는데요, 안 그래도 뵙게 되면 여쭤보려고 했는데. 가게를 운영하면서 저만의 생각이나 철학이 필요하다는 걸 느꼈어요. 돈만 생각하면 장사를 오래할 수 없다는 것도요. 그런데 구체적으로 어떻게 해야 할지 모르겠어요."

대빵의 입만 쳐다보았다. 무슨 말이 나올까 궁금했다.

"자신의 장사철학은 자신만이 알 수 있어요. 지금보다 훨씬 치열해야 답을 구할 수 있을 거예요. ==장사에도 시간과 경험이 필요하거든요. 운동을 생각해보면 알 수 있어요. 목표만큼이나 중요한 건 하루하루 할당량을 채우는 거죠.== 이제 100일을 넘겼으니 지금까지 장사를 어떻게 해왔는지, 느낀 점은 무엇인지

'남들과 똑같이 해도 괜찮다'는 마음가짐으로 임했다면
결코 장사로 성공할 수 없었을 거야.

되돌아보고 나서 상인 씨가 어떻게 장사하고 싶은지 떠올려보세요. 그 생각대로 하루하루 장사를 하려면 구체적으로 무엇을 해야 할지 적어보고 실행해보고요."

"하루하루 운동하는 것처럼요?"

"네. 개선할 점도 보이겠지만 기본적으로 이건 꼭 지켜야겠다는 점도 보일 거예요."

대빵의 말에는 경험해본 자만이 알 수 있는 것이 있었다. 덕분에 더 깊이 신뢰할 수 있었다.

"참, 도움이 될까 해서 몇 가지 아이디어를 적어봤어요."

대빵이 주머니에서 작은 노트 한 권을 꺼냈다. 거기에는 빽빽한 글씨와 여러 가지 그림들로 가득했다. 노트에 적힌 다양한 아이디어에 놀랐다. 술집과 전혀 관련 없는 장사를 하고 있음에도 불구하고 자신보다 훨씬 많은 아이디어를 갖고 있었다.

"술집을 운영하시는 것도 아닌데 어떻게 이런 생각이 가능하죠?"

"장사의 길은 통하니까요."

대빵의 한마디에 고개가 숙여졌다. 대빵이 얼마나 바쁜지 잘 알고 있었다. 그렇기에 자신을 위해 이렇게 마음을 써주는 일이 더 고마웠다. 가게를 나서기 전에 대빵이 환하게 웃었다. 바다 한가운데에 우뚝 서서 불을 밝혀주는 등대처럼 든든했다.

'나는 달라' '우리 가게는 특별해'라는
허황된 생각에 사로잡히지 마.

열린 자세로 잘된 장사와 사람을 보고 배워야 해.

장사 수업
제4강

강한 가게로 거듭나는
시스템을 만들어라

직원도, 손님도, 나도 즐거운
가게 시스템 만들기

원칙과 기준이 있는 시스템을 만들어라

몇 번의 고비 끝에 레드 3.0은 자리를 잡아가기 시작했다. 도시락 주문도 눈에 띄게 늘었다. 그러나 최근 다른 고민이 생겼다. 장사에만 매달려 있자니 개인 시간을 낼 수 없었던 것이다. '저녁 있는 삶'은커녕 하루 24시간 꼬박 장사에 신경 쓰느라고 일주일에 한 번 쉬기도 어려웠다. 공식적으로 하루를 쉬긴 했어도 이런저런 고민거리 때문에 그 하루조차 온전히 쉬기는 힘들었다.

장사는 안정적인 궤도에 돌입했지만 자신이 가게에 나와 있을 때와 나와 있지 않을 때 매출에 차이가 나는 것도 고민이었다. 돈을 주는 사람의 마음과 받는 사람의 마음이 다르겠거니 이해는 하면서도 시간이 지날수록 주방 아주머니나 경수에게 섭섭한 마음이 늘었다. 덩달아 잔소리도 늘었다. 이런 모습은 금방 표가 났다. 경수가 걱정스럽게 물었다.

"사장님, 요즘 얼굴이 말이 아니네요."

"그래? 그나저나 새로 뽑은 아르바이트생한테 전화해봐. 오늘 영 느낌 안 좋네."

"안 올 것 같아요?"

"응. 그런 불길한 예감이 든다."

경수가 전화를 걸다 말고 홍 사장을 빤히 바라보았다.

"요즘 잠도 제대로 못 주무시죠?"

"조금이라도 일찍 나와서 준비하려면 잠을 줄이는 수밖에 없잖아."

"큰일이네요. 언제까지 이렇게 버틸 수도 없을 텐데요."

홍 사장도 알고 있었다. 하지만 달리 뾰족한 방법이 생각나지 않았다.

"지금 보고 계시던 건 뭐예요?"

"계절이 바뀌니까 새로 메뉴 하나 개발해보면 어떨까 하고."

"지금도 메뉴 많은 것 같은데. 아주머니 힘들지 않을까요? 한창 바쁠 때 여러 가지 안주 만드는 건 곤욕인 것 같아요. 그럴 땐 저도 괜히 미안하더라고요."

"그런 면도 있겠네. 차라리 확 줄일까?"

"대표 메뉴로만 가는 것도 괜찮죠."

"도시락은 어떤 것 같아?"

"주문이 꾸준히 늘고 있는데 낮에 일할 알바 한 명 구해야 하지 않아요?"

"그래. 그것도 필요하겠네."

경수는 홍 사장이 간혹 잘 보지 못했던 부분들을 보기 때문에 도움이 되었다. 하지만 하루 종일 가게에 붙어 있어야 하고 쫓기듯 장사하다 보니 마음의 여유가 점점 없어졌다.

'경수 말대로 한 명 더 뽑아야 할 것 같긴 한데. 문제는 또 손발을 맞춰야 한다는 건데. 내가 있으나 없으나 가게가 돌아가게 하려면 어떻게 해야 하지?'

알바에게 연락해보라는 말을 한 번 더 남기고 머리도 식힐 겸 동네 산책을 나왔다. 그동안 바빠서 몰랐는데 대로변에 있던 프랜차이즈 카페가 임대로 나와 있었다. 오히려 언덕 위쪽이 공원을 중심으로 예술촌이 만들어져 성황을 이루고 있었다. 예전에 사람 발길이 닿지 않던 위쪽 골목길에 예쁜 카페가 줄지어 영업을 하고 있었다. 커플이나 가족 단위로 사람들이 카페 안을 가득 메우고 있었다. 주말 장사라도 이 정도면 평일 장사만큼의 이익이 날 것 같았다.

작은 소품 가게나 공방, 곳곳에 있는 지역을 특징짓는 조각상이나 그림이 사람들을 모으는 데 한몫하는 모양이었다. 유명한 벽화가 모여 있는 곳은 지나가기가 힘들 정도였다. 드라마 속 배경이 되었다더니 유명세를 치르나 보았다.

위에서부터 아래로 내려오면서 보니 위쪽에는 요기가 될 만한 음식점이 없었다. 간단한 식사를 테이크아웃 해서 공원 쪽으로 들고 가도록 하는 것도 좋을 것 같았다. 한숨 돌리기 위해 자주 가던 카페에 들렀다.

"아이고, 오랜만이에요."

"안녕하세요? 요즘 가게 때문에 여유 있게 앉아 커피도 못 마셨네요. 아이스 아메리카노 한잔 주세요. 시럽 듬뿍 넣어서요."

"혹시 달달한 것 생각나면 우리 집 계절 메뉴 한번 맛보는 거 어때요?"

"계절 메뉴 만드셨어요? 뭔데요?"

"완순딸기라고 요즘 인기에요."

"하하하. 이름이 친근감 있네요."

"그렇죠? 요즘 얘가 효녀 상품이에요. '완전히 순 100퍼센트 딸기로 만들었다'는 의미로 제가 붙였어요."

"한번 먹어보겠습니다. 효녀 딸기."

"절대 실망하지 않을 거예요."

카페 주인은 새로운 메뉴에 대한 자부심이 있어 보였다. 완순딸기는 주문한 지 1분 만에 나왔다. 만드는 과정은 간단해도 먹음직스러웠다.

'그래, 역시 메뉴는 단순할수록 좋은 건지도 몰라. 단순하면서도 맛있으면 주문 즉시 나오니 손님이 좋아할 테고. 단순하니까 누구라도 만들기 쉬우면서도 맛을 낼 수도 있고.'

"무슨 생각을 그렇게 골똘히 하세요?"

"딸기가 다른 집보다 훨씬 많이 들어 있네요. 어떻게 만들게 됐어요?"

"메뉴 고민 하다가 유명하다는 카페에 가서 딸기가 들어간 걸 먹어봤어요. 그런데 하나같이 딸기가 조금밖에 없는 거예요. 손님 입장에서 짜증이 나더라고요. 그래서 우리 집 메뉴에는 딸기를 듬뿍 넣자고 생각했죠. 그렇게 완순딸기가 탄생했어요."

"딸기가 많이 들어가면 손해 아닌가요?"

"==계절 메뉴를 하려면 다른 가게보다 먼저 빵 하고 터트려야 해요. 당장 눈앞만 보면 안 돼요. 제철 과일은 어차피 가격이 내려가게 돼 있어요. 원재료 단가가 내려가면 그때 상쇄가 되죠.== 당장 비싼 것만 생각해서 시작을 못 하거나 질 나쁜 걸 만들면 게임 끝이에요. 퀄리티로 선점하면 인기 메뉴가 되고, 나중엔 원재료 가격도 삼 분의 일로 다운돼서 그만큼 남는 게 생겨요."

"저도 계절 메뉴 하나 출시할까 생각하고 있었거든요. 사장님 말씀 큰 도움이 됐네요. 완순딸기 정말 맛있는데요. 갈 때 두 개 포장해 주세요."

"도움이 되셨다니 저도 좋네요. 오랜만에 여유 있게 드시다 가세요."

가게를 오픈한 후 일에 쫓겨 사람들의 취향이나 다른 가게가 어떤 메뉴를 어떻게 팔고 있는지 제대로 벤치마킹하지 못했다. 카페 주인의 말대로 다른 가게에 가면 내가 손님인데 손님 입장에서 무엇인가를 바라보는 노력도 없었다. 반성하면서도 미소를 지었다. 달콤한 아이스크림과 신선한 딸기가 어우러진 완순딸기가 너무 맛있어서였다.

✦ ✦ ✦

역시 불길한 예감은 틀리지 않았다. 완순딸기를 경수와 주방 아주머니에게 건네며 깊은 한숨을 쉬었다.

"아직 안 왔어?"

"네, 연락이 안 돼요."

홍 사장은 다시 한숨을 내쉬었다. 문자로도, 메신저로도, 음성으로도 다 남겨두었는데 연락이 없었다. 공고를 보고 들어와서 제발 뽑아달라, 열심히 하겠다고 말한 것이 고작 3일 전이었다. 술집에서 일을 해본 적이 있고, 인상도 좋기에 그 자리에서 바로 뽑았고, 업무를 하면서도 큰 문제가 없어 보였다.

"아, 진짜! 금요일이면 손님 많은 걸 모르는 것도 아니고."

소리치다 말고 입을 틀어막았다. 손님이 들어오고 있었기 때문이었다. 아르바이트 한 명이 빠지자 가게는 눈코 뜰 새 없이 바빴다. 혼을 쏙 빼놓고 움직이다 보니 어느새 가게 문을 닫을 시간이 되었다.

"두 사람 몫 하느라 오늘 고생 많았다."

"힘든 건 사실이지만 이런 일 익숙해요. 아르바이트 하면서 하도 겪어봐서."

"다음 알바생은 경수 너도 함께 보자."

경수는 은근히 기뻐하는 눈치였다. 그리고 망설이다가 덧붙였다.

"사장님, 저기요……."

"왜? 말해봐."

"갑자기 이런 일이 또 생길 수 있으니까 알바생이 기본적으로 알아야 할 수칙을 정리해서 적어놓으면 어떨까요?"

"구체적으로 어떻게?"

"인사는 큰 목소리로 90도로 한다, 화장실은 하루에 언제 3번 체크한다 이런 식으로요. 매번 같은 소리를 또 하지 않아도 되니까 말하는 사람이나 듣는 사람이나 진이 덜 빠지죠."

"좋네. 그건 네가 정리해봐. 참, 여름이니까 계절 메뉴 한번 만들어보자. 좋은 의견 있어?"

"계절 메뉴도 계절 메뉴인데 지난번 말씀드린 대로 있는 것부터 줄이는 게 어때요?"

옆에서 듣고 있던 주방 아주머니도 반색하며 거들었다.

"나도 경수 생각에 찬성. 메뉴가 점점 늘어나는 것 같아서 나 혼자 벅차."

"네, 그 부분도 생각하고 있어요. 메뉴를 정리하면서 동시에 계절메뉴 같은 걸 내면 참신하지 않을까 싶기도 하고요."

경수와 의견을 나누다 보니 고민하고 있던 부분이 조금씩 정리되는 것 같았다. 메뉴를 단순화하고 아르바이트생 교육에 대한 것도 어느 정도 해소가 될 수 있을 거라는 생각이 들었다. 혼자보다는 둘이 낫다는 말은 옳았다.

"참, 내일부터 새 아르바이트생 구해야죠?"

"응. 당장 공고 내고. 이번에는 전적으로 네 눈으로 뽑아봐. 매니저다 생각하고."

이번에는 경수의 촉을 믿어보기로 했다.

며칠 뒤 경수와 함께 몇 명을 면접 보았다. 유일하게 홍 사장도 경수도 괜찮다고 생각한 사람으로 뽑았다. 급한 대로 함께 일해보기로 했지만 아쉬운 점도 있었다. 일은 잘했지만 가게에 딱 맞는 느낌이 들지는 않았다.

"준수라고 했나? 새로 온 애 어때?"

"가만 보니까 욱하는 성질도 있고 조금 뺀질거려요. 지각도 하고. 10분 전엔 출근해서 준비하라고 해도 턱걸이 하듯 아슬아슬하게 오거나 조금씩 늦어요. 그렇다고 매일 얘기하는 것도 잔소리 같고."

무심코 넘어가기 쉬운 부분들도
디테일하게 원칙을 정해두면 좋아.

그러면 누가 와서 일하든
가게 상태를 늘 일관되게 유지할 수 있지.

"그것 빼고는 괜찮아? 네가 한번 잘 가르쳐봐."

"며칠 안 됐으니까 두고 봐야죠. 일은 싹싹하게 잘해요. 그거 하나 보고 뽑았는데 조금 후회되네요. 은근 성질 있어요. 알바생이 지켜야 하는 규칙으로 교육을 시켜도 말을 잘 안 들어요. 그렇다고 뺀질거리는 건 아닌데. 정식 직원도 아닌데 뭘 이런 걸 지키나 그런 마음인 것 같아요."

"그래? 일단 두고 보자. 일 배울 때까지 네가 좀 더 수고해주고."

이제는 제법 가게도 안정적이고 기존에 일하던 사람들과는 손발이 척척 맞는다고 생각했는데 사람이 하나 더 늘자 티가 났다. 간혹 경수와 준수가 마찰을 빚었다.

"준수야, 화장실에 화장지 갖다 놨어?"

"네."

"몇 개 가져다 놨어?"

"1개요."

"1개만 가져다 놓으면 어떡해. 적어도 2개는 갖다 놔야지."

"그럼 형이 갖다 놓으시던가."

"말을 말자."

경수와 준수의 묘한 기 싸움 속에서 마음 편할 날이 없었다.

"여기 물 왜 안 갖다 주세요? 얼음 물 한잔 갖다 달라고 아까부터 말했는데."

준수는 힐끔 테이블을 보더니 못 본 척 다른 테이블로 가버리고, 경수는 눈짓으로 준수를 가리켰다. 서로 네가 해야 할 일이라는 뜻이었다. 그러다 조금 더 일했다고 책임감이 있는 경수가 움직이는 식이었다.

"죄송합니다. 바로 갖다 드리겠습니다."

홍 사장이 자리를 비우면 신경전이 더 심해지는 듯했다.

그러나 둘의 기 싸움보다 더 중요한 것이 있었다. 다른 가게들을 벤치마킹하면서 고객의 입장에서 고객이 진정으로 원하는 것이 무언지 더 고민해야 한다는 생각이 들었다. 카페 주인이 완순딸기를 만들게 된 이유처럼, 레드 3.0 또한 고객의 기호를 제대로 파악해서 고객과 상호작용을 더 잘한다면 다른 가게와 차별화될 확실한 무엇인가를 반드시 찾을 수 있을 것 같았다. 대빵이 말한 장사철학이 무엇인지 희미하게나마 알 것 같기도 했다.

'내가 없어도 알아서 가게가 돌아가게 하려면…….'

==사람이 바뀔 때마다 달라지는 게 아니라 정해진 체계대로 운영한다면 누가 와서 일해도 혼란스러운 일은 없을 것이다. 원칙과 기준이 있는 시스템, 바로 그것이 필요했다.==

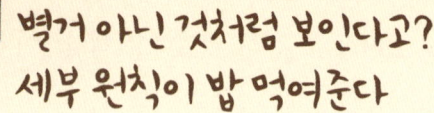

별거 아닌 것처럼 보인다고? 세부 원칙이 밥 먹여준다

시스템이 필요한 이유는 운영이 원활해지고 업무 효율성이 높아지기 때문이다. 원칙과 기준을 만들고 청결, 고객 대응, 재고관리 등에 대해 세부적으로 매뉴얼을 정해두면 직원이나 아르바이트생이 바뀌어도 상황에 빠르게 대처할 수 있다.

아래 세부 원칙들을 살펴보자. 별거 아닌 것처럼 보인다고? 순식간에 손님이 몰리는 점심시간이나 저녁 시간대에 몸에 익은 업무 세부 지침은 빛을 발한다.

화장실은 가게의 얼굴이다
① 휴지는 2개 이상 비치해둔다. 서랍장 안에 예비용으로 4개 넣어둔다.
② 1시간에 한 번씩 청결 상태를 체크하고 오전, 오후, 밤 세 번 청소한다.
③ 화장실 당번은 일주일에 한 번씩 돌아가며 한다.

무심코 지나치기 쉬운 홀 관리

① 책상과 의자는 정해진 자리에 놓는다. 바닥에다 눈에 잘 띄지 않을 정도로 위치를 표시해두면 청소 후 정확한 자리에 놓을 수 있다.
② 테이블 위에 정해진 위치에 수저통과 냅킨 통을 놓는다.
③ 바닥 청소는 오전(출근 직후), 오후(브레이크 타임) 하루에 두 번 한다.

각자의 스타일대로 손님을 대하지 마라

① 마감시간이 지났을 때 손님이 오더라도 "안 된다"는 말을 절대 하지 마라! 대신 "죄송하지만 어느 정도 시간이 필요하세요?"라고 묻고 도저히 손님을 받지 못할 경우 작은 선물이라도 반드시 고객 손에 쥐어줘라.
② 메뉴에 없는 것을 갖다 달라고 할 때도 단박에 "안 된다"는 말은 금물이다. 긍정적으로 생각한다는 메시지를 반드시 던져줘라. 갖다 줄 때는 "가게엔 없는 건데 특별히 손님을 위해서 준비

했습니다. 필요한 것 있으면 무엇이든 말씀하세요"라며 특별한 서비스를 제공받고 있다는 느낌을 듬뿍 준다.

③ 손님과 인사할 때 고객의 눈 아래를 바라보며 높은 옥타브 '도' 음정 정도의 목소리로 말한다. 환한 미소를 동반한 인사는 주변 가게의 사장님과 손님까지 잠재 고객으로 만들 수 있게 한다. 하늘이 무너지고 땅이 갈라져도 이것만은 기억하자. 인사는 만사다.

④ 고객이 필요한 것을 요청했을 때 복사화법을 사용한다. 예를 들어, "물 좀 주시겠어요?"라는 요청이 들어오면 계절에 따라 차가운 물과 따듯한 물을 달리해 내간다. 그리고 "네, 얼음 동동 띄운 차가운 물 드리겠습니다" "네, 따듯한 물 준비하겠습니다"라고 대답한다. 한 걸음 더 나아가 업종에 따라 보리차나 레몬조각을 띄운 물 등으로 내면 세심하게 신경 썼다는 느낌을 더욱 가미할 수 있다. 그리고 물을 줄 때도 "손님, 요청하신 따듯한 물 여기 있습니다. 뜨거울 수 있으니 조심하세요"라고 응대한다.

원칙 하나 정했을 뿐인데, 우리 직원이 확 달라졌어요

"형, 저 왔어요. 도시락 만들고 계셨어요?"

"응. 이제 담기만 하면 돼."

"맛있겠다! 그런데 반찬 너무 많지 않아요? 가끔 편의점에서 도시락 사 먹으면 반찬 한두 개는 잘 안 먹고 버리는데."

"그래? 다섯 가지는 좀 많은가?"

"요즘 젊은 사람들은 간단한 거 좋아하잖아요. 먹고 나서 치우기도 편하고. 세 가지로 하는 건 어때요? 3은 레드 3.0을 상징하는 수니까요. 대신 알차고 푸짐하게 넣어요."

본격적으로 메뉴에 대한 고민을 시작했다. 레드 3.0의 주 고객층은 20~30대였다. 경수 말대로 먹기 간편한 도시락을 만드는 게 나을 것 같았다.

"일단 우리 집 메뉴 중에서 베스트 10을 적어보자."

"고기류 두 가지, 샐러드는 연어 샐러드가 단연 일등이고 치킨 샐러드는 꾸준히 나가고, 그리고 치킨류 두 가지. 볶음은 닭발떡볶이랑 쭈꾸미. 과일안주랑 오징어땅콩이네요. 10가지 정도 되는데요. 마른안주는 담기만 하면 되니까 인기 있는 메뉴 중 두세 가지 살려서 열두 가지 정도로 메뉴를 정하면 어떨까요?"

"아주머니 의견은 어떠세요?"

"응, 그럼 좀 편할 것 같아. 그리고 한국 음식은 나물이면 재료만 다르지 무치는 방식은 비슷하잖아. 비슷한 것들을 만들면 좀 빨리 낼 수 있을 것 같아요."

"어디 보자, 쭈꾸미랑 돼지고기볶음에 숙주가 들어가잖아요. 원재료가 비슷하게 들어가는 걸 살리면 손도 덜 가고 비용적인 면에서도 좋겠죠?"

한창 이야기를 나누던 중에 홍 사장이 무릎을 쳤다.

"그거다, 그거! 원 소스 멀티 유즈!"

"뭔 소스?"

경수와 주방 아주머니가 동시에 소리쳤다. 홍 사장은 싱글벙글 웃었다.

"한 가지 재료를 이용해서 여러 메뉴에 응용하는 거죠. 재료 재고를 줄일 수 있고, 요리시간도 절약하고요. 장사에서 선택과

집중은 중요하잖아요."

"아하! 어차피 있는 재료 더 잘 쓰자는 거지?"

내친 김에 도시락에 대한 의견도 활발하게 나눴다.

"도시락도 덮밥으로 통일하면 어떨까요? 메뉴 중에서 쭈꾸미 볶음이랑 돼지고기숙주볶음 그리고 치킨마요가 있으니까 이 세 가지를 이용한 덮밥을 만들어요. 연어덮밥은 인기 있으니 꾸준히 하고요."

"그거 괜찮네. 먹고 나서 뒷정리도 편하고."

"참, 여자 손님을 위해 샌드위치는 어때요? 어차피 우리 가게 메뉴 중에 샐러드가 있으니 빵만 사면 되죠."

예상 외로 좋은 의견이 나와서 점심 메뉴는 샌드위치와 덮밥으로 정해졌다. 스무 가지가 넘던 안주도 열두 가지로 줄이기로 했다. 메뉴를 정리하자 정말 일의 효율성이 높아졌다. 홍 사장도 음식을 만드는 데 조금 더 자신감이 붙으면서 주방 아주머니가 만드는 음식과 제법 비슷한 맛도 낼 수 있었다. 점점 함께 일하는 즐거움을 느꼈다. 직원들이 좀 더 적극적으로 일할 수 있는 바탕을 만든다면 시너지 효과가 나타날 것 같았다.

+ + +

메뉴를 줄여서 선택과 집중을 한 만큼 효과가 컸다. 어떻게 하

이 주방을 보면 손님은
어떤 생각을 할까?

100퍼센트 믿을 수 있다는 신뢰감을 듬뿍 주어야 해.

면 장사가 잘되는지 조금은 알 것 같았다. 지금 당장은 아니더라도 조만간 2호점을 내고 싶은 생각이 들었다. 효율적인 운영 방식에 대한 조언을 듣기 위해 대빵을 만났다. 대빵은 언제나처럼 반갑게 맞아주었다.

"원칙과 기준이 있는 시스템을 만들어야겠다고 생각한 건 아주 잘한 일이에요. 앞으로 지점을 낼 생각이면 더욱 더 잘한 일이죠.

우리가 해외여행을 가서 정말로 먹을 때가 없을 때 왜 햄버거 먹으러 맥도날드에 가겠어요? 맥도날드처럼 기계적일 정도로 매뉴얼이 정해진 곳도 드물 거예요. 맥도날드가 글로벌 기업이 될 수 있었던 힘도 바로 거기에 있죠. 고객응대부터 고기 패티를 굽고 음료를 만드는 모든 과정이 소소한 것 하나까지 정해져 있으니까 누가 와서 일해도 되는 거죠. 맛도 똑같고요. 똑같은 서비스, 똑같은 맛, 고객은 그것이 편해서 맥도날드를 가거든요. 그것을 싫어하는 고객은 다른 가게를 가겠지만요. 하지만 맥도날드가 주는 이미지는 강력하죠. 맥도날드에 대한 부정적 평가도 있지만 전 세계 어디를 가도 편하게 이용할 수 있다는 건 엄청난 일이에요."

"맥도날드에 대해 심각하게 탐구해본 적은 한 번도 없는 것 같아요."

"장사를 제대로 해보고 싶다면 공부를 해야 해요. 우리 가게

==와는 상관없는 일이라고 여기지 말고 '성공을 한 기업, 회사, 가게는 뭐가 다를까?' 늘 관심을 두고 연구하고 적용해보세요.== 그리고 상인 씨가 없어도 제대로 돌아가는 가게를 만들려면 큰 것부터 작은 것까지, 소소한 것이라도 놓치지 말고 정해두세요."

"네. 너무 많았던 메뉴도 줄이고 나니 요리하는 시간도 줄어들고 메뉴를 손쉽게 만들 수 있게 됐어요. 아, 맥도날드처럼 누가 와서 일해도 똑같은 맛을 내고, 똑같은 서비스가 돼야 제가 없어도 운영이 원활하겠네요. 알긴 알겠는데 그게 가능하려면……."

"상인 씨가 고민하는 부분이 뭔지 알아요. 그럼 제가 몇 가지 질문을 해볼게요. 상인 씨가 없어도 잘 운영되는 원형을 만들고 정착시키는 건 언제부터일까요? 6개월 뒤? 1년 뒤? 직원을 몇 명까지 두고 싶고 어떻게 관리하고 운영해나가고 싶어요? 사업을 확장하면 규모는 어느 정도로 생각하세요? 3년 후, 5년 후에는요?"

"어……. 저기, 그러니까, 그게……."

"하하하. 질문이 너무 많았나요?"

"아니요. 제가 고민하던 부분도 있고, 미처 생각하지 못한 질문도 있어요."

"어떤 질문을 생각하지 못했어요?"

"직원들과 언제까지 어떻게 해나갈지, 나중에 나의 삶의 모습이 어떨지, 이런 건 생각해본 적이 없어요. 코앞에 닥친 하루하루 매출 걱정에 쫓기다 보니 구체적으로 미래를 그려볼 여유가 없었어요. 성공하겠다는 막연한 포부만 있었죠."

"좋아요. 질문을 던져볼게요. 천천히 생각하고 대답을 해주세요. 상인 씨가 꿈꾸는 레드 3.0은 어떤 모습이에요?"

홍 사장은 눈을 감았다. 호흡을 천천히 하면서 자신이 바라는 레드 3.0의 모습을 그려보았다.

"문을 열고 들어가면 직원의 밝은 인사 소리가 손님을 맞아요. 청결하고 밝고 깨끗해서 좋은 에너지가 느껴져요. 기분 좋게 테이블에 앉아 주문을 해요. 오래지 않아 메뉴가 나오고 손님은 만족스런 미소를 지어요. 시끌벅적하지만 소란스러운 느낌은 아니고 흥겨워요. 주문이 밀려 있을 때는 누군가 주방에 들어가 음식 만드는 걸 돕기도 하고 일하는 사람들은 항상 웃음을 잃지 않아요. 처진 어깨로 들어왔던 손님도 나갈 때는 어깨가 펴져서 나가요. 손님의 등 뒤로 다시 밝은 인사 소리가 들려요."

"지금 얘기한 것을 토대로 매뉴얼을 만들면 돼요. ==사소한 부분까지 원칙을 만들어 직원이 똑같이 실행할 수 있도록 하는 거예요. 그러면 한 사람이 빠져도 다른 사람이 대신 할 수 있고 새로운 사람이 들어와도 금세 일할 수 있지요.== 상인 씨는 직원과 어떻게 지내고 싶은지 생각해본 적이 없다고 했지만 지금 한 말 속에 본인이 생각하는 장사철학이 들어 있네요. 직원과 함께 늘 에너지 넘치는 레드 3.0을 만들고 싶은 거죠?"

직원들이 밝게 인사하고,
가게 내부는 늘 일관되게 정돈되어 있고,
서빙과 조리도 잘 조직화된 매뉴얼대로 한다면
손님들은 단번에 정성을 느끼게 돼.

이런 가게는 안 될 수가 없지.

"네. 늘 그렇게 생각했어요. 손님이 레드 3.0에 와서 힘을 얻으면 좋겠다, 우울한 기분을 날려버리면 좋겠다, 정열의 붉은 빛을 가슴 가득 채워 가면 좋겠다, 이런 생각이요."

대빵이 활짝 웃으며 용기를 북돋아주었다.

"규칙을 정해서 실행하고 있으니 조금만 보완하면 원하는 모습을 갖출 수 있을 거예요. 이번에는 구체적으로 매출이 얼마나 됐으면 좋겠는지 숫자로 말해볼까요? 한 달 매출, 연 매출 이렇게요."

사실 이 부분은 늘 생각하고 있었다. 장사를 시작하기 전에는 월 순수익이 500~600만 원이 넘으면 좋겠다고 생각했는데 요새는 1000만 원으로 올라 있었다.

"일단 월 매출이 3000만 원 이상이면 좋겠어요. 연 매출은 4억 원 이상이고요."

"그럼 3년 후는요? 5년 후는요?"

"3년 후에는 매장 다섯 개, 5년 후에는 매장 열 개 정도가 돼서 수익이……."

여기까지 말하고 놀라서 말문을 닫았다. 지금 말한 대로라면 5년 후 수익이 몇 십억 원도 거뜬할 것 같았다.

"좋아요. 충분히 가능해요."

"네?"

"자신 없으세요?"

"정말 가능할까요?"

"가능할지 걱정할 게 아니라 가능하도록 만들면 되죠. 지금 말한 목표를 구체적으로 수치화해서 정리하세요. 그리고 매뉴얼은 정리해서 당장 실행하시구요. 한 가지 조언을 더 드리자면 아르바이트생만으로 이런 일을 실현하기는 힘들어요. 직원을 밑에 두고 믿고 맡겨야죠."

"아르바이트 말고 직원이라면 좀 더 적극적으로 가게 일에 참여하겠네요."

"상인 씨가 없어도 잘 돌아가는 가게가 되려면 무엇을 어디서부터 어떻게 운영해야 할지 구체적인 방안을 생각해서 적용해보세요. 틀림없이 커다란 전환점이 될 거예요."

"감사합니다!"

"아, 그리고 10년 뒤 상인 씨의 삶이 어땠으면 좋겠는지 생각해보세요. 아주 구체적으로요."

돌아오는 길에 대빵의 질문을 다시금 되새겨보았다. 장사에서는 큰 그림을 그리고 있어야 했다. 코앞의 매출에만 급급해서 먼 미래를 그려볼 청사진이 없으면 그것을 실현할 구체적인 목표도 없었다. 목표가 없으니 디테일한 전략조차 세우지 못하고 있었다. 하지만 앞으로 미래에 대한 더 큰 꿈을 갖고 싶었다. 가게 하나만으로 만족하기에 자신은 너무 젊었고, 장사꾼으로서의 피는 붉고, 뜨거웠다.

✦✦✦

아이디어가 생각날 때마다 적어두었더니 제법 상세하고 그럴듯한 매뉴얼이 나왔다. 하지만 곧 문제가 생겼다. 매뉴얼이 너무 많았던 것이다. 일일이 기억할 수조차 없게 세심한 것도 있었다. 매뉴얼 노트를 본 경수조차 혀를 내둘렀다.

"사장님, 너무 복잡해요. 매뉴얼로 고시공부 해도 되겠어요."

"하지만 세밀하게 만들어야 한다고. 그래야 내가 없어도 가게가 돌아가니까."

"그건 그렇지만 좀 더 편한 건 없나요? 아! 이건 글이라서 복잡한 거잖아요. 그림으로 표시할 수 있는 건 그려놓고, 몇 가지 원칙으로 묶으면 어때요?"

"오호, 좋은데! 너 혹시 천재였니?"

"음, 혹시 장사 천재?"

"하하하. 그래. 장사 천재다."

경수 덕분에 물건들의 위치를 잡는 일이 한결 쉬워졌다. 놓아야 할 곳에 테이프를 붙여 표시를 하고 글씨를 써두었다. 그 위에 놓기만 하면 되었다. 홀 테이블과 의자 놓는 위치도 테이프를 붙여두었다. 누가 청소를 하고 정리를 하더라도 테이블 간격과 각을 맞출 수 있었다.

매뉴얼을 정하니 교육도 쉬워졌다. 잔소리할 일도 대폭 줄었다. 매뉴얼대로 시도한 다음 날, 화장실에 다녀온 준수가 놀란 눈으로 홍 사장을 보았다. 화장실은 가게에서 주방과 더불어 가장 신경 쓴 곳이었다.

"사장님, 화장실 끝내줘요! 디테일 진짜 쩔어요."

"앞으로 나를 '홍 테일'이라고 불러줘."

"전 홀보다 화장실에 더 오래 있고 싶어요."

하나씩 원칙이 정해지자 준수도 스스로 움직이고 손님을 맞는 일이 늘었다. 누가 인사하라고 시키지 않아도 저절로 밝은 음색이 나왔다. 그러다 보니 가게 분위기 자체가 밝아졌다. 홀에서 웃음소리가 들리는 일도 늘었다.

"어라? 헤어스타일 바뀌셨네요?"

"어떻게 알았어요?"

"당연히 알죠. 제가 미인은 꼭 기억하거든요."

여기까지만 했으면 그저 친화력을 발휘하는 정도라고 생각했을 것이다. 그러나 경수는 친화력을 매출로 연결시키는 기가 막힌 재주가 있었다. 생일이나 기념일 등 이벤트를 위해 찾아온 손님들에게 반값 안주를 권하자고 한 것도 그의 제안이었다.

"닭발떡볶이랑 치킨샐러드 주세요."

"네. 알겠습니다. 오늘은 생일기념으로 오신 거죠? 특별히 과일안주 서비스 드리겠습니다."

"정말이요?"

"네! 소스는 무한 리필입니다."

까르르, 또 웃음이 터졌다. 경수의 최대 장점은 사람을 잘 기억한다는 점이었다. 한 번 온 손님의 얼굴을 정확히 기억하는 것은 물론 어떤 옷을 입고, 누구와 왔는지, 무엇을 먹었는지도 알았다. 그러다 보니 대화거리가 늘고 웃음소리는 5분이 멀다 하고 들렸다. 경수가 이렇게 능력을 발휘할 수 있었던 이유는 홍 사장이 전적으로 믿고 맡겼기 때문도 있었다. 심지어 이런 일도 있었다.

"오늘은 맥주 남기셨네요. 키핑 해드릴까요?"

"하하하. 네. 해주세요."

그리고 다음에 오면 정확히 그 양만큼 서비스로 맥주를 갖다주었다.

"손님, 지난번에 키핑 해두셨던 맥주입니다."

"어머나!"

홍 사장도 놀랄 정도인데 손님이야 더 말할 것도 없었다. 특유의 발상도 재미있었지만 기억을 하는 게 더 놀라웠다. 하도 놀라워서 하루는 물어본 적이 있었다.

"경수야, 넌 어떻게 그렇게 사람을 잘 기억하냐?"

"관심이죠. 관심."

"관심은 나도 많은데. 아무래도 넌 탁월한 기억력을 가진 것 같다."

"에이, 아니에요. 저도 노력한다고요."

"노력을 한다고? 어떻게?"

"일단은 인상으로 기억해요. 얼굴이나 옷차림에서 풍기는 특징이 저마다 다르거든요. 관심을 가지고 마음에 새겨두는 거죠. 전 대신 이름은 잘 기억 못해요. 이미지로 기억하는 게 빠르거든요."

경수는 물 만난 고기처럼 자신의 실력을 십분 발휘하고 있었다. 준수는 여전히 적극적으로 일하는 건 아니었지만 자신에게 맡겨진 일만큼은 충실히 해냈다. 매뉴얼에 따라 세부적으로 지침을 정하고 해당 일만큼은 100퍼센트 책임을 부여한 덕분이었다.

이영석의 어드바이스

서비스는 요구하기 전에 채워주는 것이다. 가만히 있지 마라. 손님이 없다고 매장에 우두커니 넋 놓고 있는 사람들이 많은데 그래선 안 된다. 항상 고객이 필요한 것을 찾아 움직여야 한다. 서비스는 고객이 요구하는 것을 하는 것이 아니라 먼저 고객의 필요를 채워주는 것이다. 예를 들어 서비스로 주는 달걀찜의 경우에도 기왕이면 공짜로 주는 것을 듬뿍, 푸짐하게 제공해 '서비스를 받았다'는 느낌이 충분하도록 하라. 가만히 앉아서는 고객의 욕구가 보일 리가 없다. 아이에게 반말하는 사장과 직원들을 자주 본다. 그러지 말자. 아이의 눈높이에서 대화하고 아이도 한 명의 소중한 고객으로 여기고 친절하고 다정한 존댓말로 건네자.

혼자 하는 장사가 아니다, 마음을 움직여라

매뉴얼을 구체적으로 정해둔 덕분에 새로 뽑은 아르바이트생은 들어온 지 얼마 안 되었는데도 우왕좌왕하지 않았다. 손님이 없는 시간에도 우두커니 넋 놓고 있지 않았다. 하지만 가게 안에서 지켜야 하는 매뉴얼과는 다른 기본적인 원칙이 제대로 지켜지지 않는 부분이 있었다. 준수는 가끔 10~20분씩 지각을 하면서도 대수롭지 않게 생각했다.

지난 번 대빵을 만나고 온 뒤로 홍 사장은 마음을 굳혔다. 아직 정식으로 말은 안 했지만 주방 아주머니와 경수를 직원으로 채용해 월급을 주고, 매출이 좋은 달에는 인센티브도 제안할 생각이었다. 특히 경수 같은 사람을 구하기는 힘들 것 같았다. 센스 있고, 손님 장단 잘 맞추고, 게다가 언젠가 자신의 가게를 내서 장사를 하겠다는 꿈이 생겼다고도 했다. 매니저를 맡기기엔 여러모로 적임자였다.

"경수야, 나랑 잠깐 얘기 좀 하자."

"네. 사장님."

"요즘 일하는 거 어때?"

"좋죠 뭐. 왜요?"

"내가 제안하고 싶은 게 하나 있는데, 정식으로 채용할 테니 아르바이트 말고 가게 매니저를 맡는 건 어때?"

"네? 제가요?"

"그래. 앞으로 2호점, 3호점을 낼 계획이거든. 나중에 네가 분점을 하나 맡아도 좋겠어."

"사장님! 정말이세요?"

"응. 어때? 한번 해볼래?"

경수는 마치 꿈을 꾸는 표정이었다. 주방 아주머니도 직원 채용을 흔쾌히 받아들였다. 경수에게 매니저 역할을 맡기자 장사는 더 궤도에 올랐다. 인센티브를 약속해서 꼬박꼬박 지켰다. 식자재도 비품도 예전보다 훨씬 알뜰하게 사용되었다. 절약할수록 더 많은 수익을 가져가기 때문에 주방 아주머니도 경수도 자발적으로 경비를 줄이는 데 앞장섰다.

알바생으로 뽑은 지 얼마 안 된 준수는 좀 더 지켜보기로 했다. 우선 지각하는 버릇부터 고쳐야 했다. 방법이 없는 것도 아니었다. 대빵이 일러준 비법이 있었던 것이다. 홍 사장은 준수를 바라보며 회심의 미소를 지었다.

다음 날부터 당장 지각에 대한 원칙이 적용되었다. 1초라도 지각하면 벌금 1만 원을 내게 했다. 10분을 넘길 때마다 1만 원씩 더 붙었다. 처음엔 반발도 있었다. 하지만 원칙을 고수했다. 예상대로 가장 많은 벌금을 낸 사람은 준수였다. 어느 날은 애교어린 카톡이 오기도 했다.

준수: 사장님, 생리적인 현상으로 3분 정도 늦을 것 같습니다.

바로 답장을 보냈다.

홍 사장: 그래, 알았다. 세상에서 가장 비싼 똥을 쌌다 생각해라.

1분도 안 되어 준수가 헐떡거리면서 뛰어 들어왔다.
"3분 늦는다며?"
"네. 그래도……. 헉헉……. 뛰어왔는데 봐주시면 안 돼요? 으악! 숨 막혀. 헉헉."
"안 돼. 원칙은 지키라고 있는 거야. 1분이나 3분이나 늦은 건 늦은 거야."

벌금만으로 아르바이트생을 통솔하기엔 한계가 있었다. 그래서 당근과 채찍을 함께 쓰기로 했다. 한 달 동안 벌금을 모아서 가장 지각을 안 한 사람에게 보너스로 지급하기로 한 것이다. 시작한 지 한 달이 지나 지각 보너스는 경수가 받았다. 그러자 눈에 띄는 변화가 생겼다. 마지못해 툴툴거리며 지각을 안 하려고 애쓰던 준수가 지각을 안 하는 것은 물론 5분, 10분 웃으면서 일찍 오기 시작한 것이었다.

석 달이 지나자 준수의 지각 습관도 말끔히 고쳐졌다. 매일 벌금을 내야 하는 상황이 되자 정신이 번쩍 들었던 모양이었다. 이것이 가능했던 이유는 벌금제와 보상제를 일관되게 실행한 덕분이었다. 한 번 말한 것은 지키고, 어떤 일이 있어도 그대로 행동으로 옮겼다. 벌금을 걷는 문제도 하다가 말다가 했으면 중간에 흐지부지되고 말았을 터였다.

==재고 파악도 비품 노트를 만들어 주문해야 하는 양을 쓰게 했다. 일일이 체크하지 않아도 노트 한 권에 쓰인 숫자만 읽으면 필요한 양을 알 수 있어서 비품이 떨어지는 일이 줄었다.== 주문을 넣는 일도 경수에게 맡기고 하루에 한 번 체크했다. 이젠 홍 사장이 외부에 있어도 10분이 멀다 하고 전화 오는 일은 없었다.

평소 오전 10시에 문을 열어 12시에 닫던 영업시간도 금요일 같은 경우 새벽 2시까지 영업을 늘릴 생각이었다. 시스템을 갖추자 레드 3.0은 홍 사장이 없을 때도 잘 돌아갔다. 예전 최고 매상을 훌쩍 뛰어넘는 날이 계속되었다.

+ + +

가게가 안정되자 성공한 가게들을 돌아다니며 연구를 하는 동시에 메뉴 개발에 열을 올렸다. 장사를 하면서 느낀 건 역시 경험을 통해서 익히는 게 최고의 스승이라는 점이었다. 어느새 메모장이 빽빽하게 채워지고 있었다. 그날 배우고 느낀 것을 문서화해서 보기 좋게 정리했다. 다음 날은 일찍 나가서 요리 연습을 했다.

홍 사장은 최근 대표 치킨 회사에서 내건 신 메뉴 공모전에 도전해보고 싶었다. 상을 받아도 신 메뉴에 대한 권리는 치킨 회사가 갖겠지만 가게 홍보에 좋을뿐더러 변형해서 새로운 메뉴로 내놓아도 손해볼 것은 없었다.

아직 획기적이라고 할 만한 메뉴를 만들지는 못했지만 그 과정을 통해 음식 맛을 좋게 만들기 위한 방법은 여러 가지가 있다는 것을 알게 되었다. 음식은 노력하는 만큼 맛으로 보답해주었다. 그것은 새로운 경험이자 신나게 일하는 원동력이 되었다. 하루는 유명하다는 셰프가 운영하는 음식점에 예약을 해서 어렵게 들어갔다. 잔뜩 기대를 하고 음식을 기다리고 있는데 전화벨이 울렸다. 주방 아주머니였다.

"사장님, 어디세요? 빨리 가게로 오세요."

"왜요? 무슨 일 있어요?"

"경찰이 오고 난리 났어요! 아무튼 빨리 오세요."

마른하늘에 날벼락도 아니고, 이게 무슨 일인지 이만저만 걱정이 아니었다. 장사를 시작하고 이제야 확실히 자리를 잡은 것 같아 마음을 놓고 있었는데 경찰이라니, 심장이 벌렁거렸다. 가게 앞은 엎어진 도시락에서 쏟아져 나온 밥과 반찬으로 쓰레기장이라도 된 듯 난리였다. 주방 아주머니가 다급한 표정으로 뛰쳐나왔다.

"둘 다 경찰서에 갔어. 얼른 가요."

숨을 고르기도 전에 경찰서로 달려갔다. 경수가 홍 사장을 보자 반색을 했지만 이내 풀이 죽은 얼굴로 고개를 숙였다.

"어떻게 된 일이야?"

"저희가 잘못한 거 아니네요."

경수는 볼멘소리로 자초지종을 얘기했다. 준수는 옆에서 여전히 분을 삭이지 못했는지 거친 숨만 몰아쉬고 있었다. 이유는 도시락 때문이었다. 예약이 되어 있던 도시락 몇 개가 취소되어 가게 앞에서 싸게 팔기로 한 모양이었다. 그걸 보고 지난 번 가게에 와서 진상을 부리고 갔던 음식점 주인 둘이 길 건너편에 있는 도시락 체인점 주인까지 부추겨 쳐들어온 게 발단이었다. 자기네들 장사를 작정하고 망치려 들었다고 시비를 걸어온 모양이었다.

"사장님! 진짜 저쪽에서 먼저 시비를 걸어왔다니까요."

경수의 말이 끝나자마자 음식점 주인 중 하나가 눈알을 부라렸다.

"새파랗게 어린놈이 말본새 하고는. 배워먹은 게 그 모양이니 하는 짓도 똑같지."

그러자 이번에는 진수가 대거리를 하고 나섰다.

"아저씨는 배워서 남의 집 도시락을 엎어요?"

"야! 내가 일부러 그랬냐? 네놈이 설레발치다가 그런 거

아냐!"

"뭐라고요? 아저씨가 테이블 치고 엎었잖아요."

"조용히 좀 하세요!"

조서를 작성하던 경찰이 소리를 지르자 그제야 잠잠해졌다. 홍 사장은 경찰 앞으로 다가갔다.

"저기, 제가 저 젊은 친구들이 일하는 가게 주인인데요."

"저기 드러누운 분 보이시죠? 저 아저씨가 넘어져서 허리가 아프다고 야단이세요."

동네에 한바탕 소문이 날 정도로 홍역을 치른 이 사건은 홍 사장이 간절히 아저씨를 설득해서 치료비와 약간의 보상금을 주는 것으로 마무리 지었다. 그러나 이 사건은 그동안 수면 아래 있던 문제를 본격적으로 드러낸 결과가 되었다. 동네에서 장사를 하려면 근처에 있는 가게들을 더 이상 몰라라 할 수만은 없었던 것이다.

그리고 이번 일로 또 하나 깨달은 것이 있었다. ==직원들에게 원칙을 알려주고 그것을 제대로 실행하게 만드는 일도 중요했지만 그에 앞서 서로 마음을 열 수 있는 분위기를 만드는 것이었다.== 가게 식구부터 챙기고 다른 가게 주인들하고도 잘 지내는 방법을 생각해봐야 했다.

"사장님, 이번 일이요. 준수한테는 잘못이 없어요. 준수가 말렸는데도 제가 고집대로 하다가 그만……."

"그래, 너도 잘해보려고 그런 거겠지. 애썼다. 하지만 준수도 경수가 엄연히 형이고 매니저인데 사사건건 반대하면 안 되지. 젊은 혈기도 누를 줄 알아야 해. 너도 외식업에 관심이 있다면 단순히 아르바이트라고 생각하지 말고 여기서 많이 배워라."

"네. 죄송합니다."

불행 중 다행인 것은 이 사건으로 준수가 경수에게 깍듯이 사과하고 잘 따르기 시작했다는 것이다. 준수는 의리파였다. 경수가 자신을 덮어주고 지켜주려고 하자 믿음이 생겼는지 경수를 형님처럼 대했다. 한 차례 폭풍이 지나갔다. 큰 그림을 보고 한 단계 더 나아가기 위한 발판을 만들어야 할 때였다.

장사의
즐거운 리듬을 만들자

처음으로 수열이 가게에 왔다. 그동안 오지 못했던 이유가 있었다. 홍대 오일러만으로도 충분히 바빴지만 최근 한번에 가게 두 개를 더 열면서 몸이 열 개라도 부족했다. 그런데도 어디에서 기운이 나는지 얼굴에선 빛이 났다. 수열은 가게를 둘러보더니 만족스러운 얼굴로 말했다.

"가게 좋은데?"

"듣던 중 반가운 말이네."

홍 사장은 반달눈을 만들며 웃었다. 가게가 좋다는 말만큼 기쁜 말은 없었다. 경수가 차갑게 얼린 물수건을 가져왔다. 곧이어 서비스 안주가 나왔다. 솜씨 좋게 담긴 나쵸 안에 세 가지

색깔의 소스가 멋들어지게 담겨 있었다.

"오, 서비스도 장난 아닌데?"

홍 사장은 자랑스럽게 웃었다. 레드 3.0이 정말 마음에 드는 듯 수열이 칭찬을 연이어 늘어놓았다.

"들어오자마자 직원들이 밝게 인사하고, 테이블이나 가게는 이보다 더 깨끗할 수 없을 정도고, 서빙도 잘 조직화된 매뉴얼대로 하고 있는 것 같아. 이런 가게는 안 될 수가 없지."

수열의 칭찬 앞에서 춤이라도 추고 싶은 심정이었다. 지켜야 할 것들은 잘 지켜가며 운영하고 있다는 자신감이 생겼다.

"기본을 지키려고 노력한 증거지."

"좋아. 잘하고 있네. 장사하는 스타일에 따라 디테일은 바뀌지만 기본이 가장 중요하지. 그런 의미에서 맥주 한잔 더!"

"오일러와 레드 3.0의 번창을 위하여!"

"위하여!"

시원하게 맥주를 넘기자 홍 사장이 말문을 열었다.

"넌 10년 후 어떤 모습일 것 같냐고, 저번에 대빵이 물어보시더라고."

"그래서 답을 찾았어?"

"응."

"찾은 답이 어떤 건지 궁금하네. 어떤 모습일 것 같아?"

"10년 후 레드 3.0은 전국에 지점이 있을 거야. 근처에 있는 다른 가게들과 공존하며 거기 일대를 활성화시키고 싶어. 예전 활기가 넘치던 시장처럼 말이야. 장사를 해도 혼자만 잘되면 무슨 재미가 있겠어? 다 같이 잘돼야지. 몸 관리도 철저히 할 거다. 오래, 즐겁게 장사할 거니까. 그래서 요즘 검도 시작했지."

"와우, 병아리가 닭이 되었네!"

두 사람은 다시 시원하게 맥주를 들이켰다. 그동안 장사를 하면서 배운 것이 있다면 맑은 날도 있고, 폭우가 쏟아지는 날도 있다는 것이었다. 땡볕에 무더위가 이어지는가 하면 칼바람이 불었다. 하지만 그 뒤에는 환하게 빛나는 맑은 날이 더 많았다. 수열도 최근에 오일러에서 있었던 일을 말해주었다. 두 사람은 장사에 대해서만큼은 죽이 척척 맞았다.

대화가 무르익어 속내에 있던 말을 하게 되자 주변 가게 주인들과 있었던 일을 꺼냈다. 오픈 초부터 마음고생이 심했지만 얼마 전 일로 가게들을 찾아다니며 일일이 인사를 하고 대화를 나눴다. 한 달에 한 번 지역 상인 모임에도 참가했다. 그 덕분에 조금씩 다른 가게 주인들도 마음을 열기 시작했다. 이제 시작이었지만 새롭게 관계를 맺어가는 중에 함께 더불어 잘되는 것이 중요하다는 것을 깨달았던 것이다.

"그동안 고생 많았다."

수열이 지긋이 바라보더니 어깨를 토닥거렸다. 홍 사장도 수열의 어깨를 토닥거렸다.

가게 메뉴 하나, 소재 하나로도
손님과 어떤 이야기를 나눌까 생각하며
즐거운 리듬을 만들어가는 거야.

직원들이 각자의 생활습관대로
손님을 대해서는 안 돼.

"브라더, 너야말로 수고 많았다. 그리고 2호점 3호점 오픈 축하한다."

"너도 2호점 준비 중이라며?"

"응. 좋은 아이디어 있으면 좀 줘봐."

"친구를 위해 특급비밀을 누설해야겠네."

"뭔데?"

"메뉴 공유하기. 예를 들어 옆 가게에 있는 주 메뉴와 우리 가게에 있는 주 메뉴를 서로 공유하는 거지. 만약 손님이 레드 3.0 메뉴에서 먹고 싶은 게 없는 눈치일 때 옆 가게 메뉴판을 보여주는 거야. 그리고 옆집에서 그 메뉴를 가져오는 거지.

사실 이건 유명한 족발 집에서 쓰는 방법이야. 그 가게는 사람들이 줄을 엄청 서는데 가게 내부는 크지 않기 때문에 많은 손님을 수용할 수 없거든. 그래서 옆에 있는 호프집과 상의를 해서 족발을 사서 호프집에 가서 먹도록 한 거야. 그러면 손님은 호프집에 가서 족발을 먹지만 주류도 시켜먹는 거지."

"와, 그거 좋은 방법인데."

"또 이건 어때? 너희 가게 메뉴 중에 점심 도시락 있잖아. 도시락 메뉴에 없는 걸 주문하는 손님이나 도시락이 떨어졌을 때 온 손님에게 옆 가게를 홍보해주는 거야."

"수열아! 넌 역시 최고다."

홍 사장은 두 손의 엄지를 최대한 높게 치켜들었다. 수열은

'내가 장사 좀 했지' 하는 표정으로 어깨를 으쓱하며 미소를 지었다.

+ + +

레드 3.0 2호점을 위해 부지런히 주변을 탐색하던 홍 사장은 최근 한 카페에서 고객이 애플리케이션을 이용해 주문하는 걸 보고 깜짝 놀랐다. 젊은 고객층에게 편리한 방식인 것 같았다. 휴대전화를 손에서 놓지 않는 젊은 고객들이 주문을 하기 위해 기다리지 않아도 되는 효율성이 매력적이었다. 클릭 하나로 이루어지는 간단한 주문 방식은 홍보에도 도움이 될 것 같았다. 직접 애플리케이션을 사용해보니 신 메뉴도 그때마다 올라와 자동적으로 홍보도 될 뿐 아니라 e-쿠폰을 이용해 할인 서비스도 받을 수 있었다.

그러나 애플리케이션을 만드는 건 쉬운 일이 아니었다. 그 카페는 세계적인 프랜차이즈여서 가능했던 일이었다. 비용도 비용이었지만 매장이 전국적으로 많이 퍼져 있다면 모를까 지금은 시기상조였다. 대신 소셜 미디어를 이용해보면 어떨까 하는 생각이 들었다.

"모바일 마케팅 도구를 사용하면 어떨까요? 손님들이 해주는 SNS 광고 효과를 기다리지만 말고 우리가 소셜 미디어를 이용해 적극적으로 홍보를 하는 거예요."

한때 게임 마니아였다던 준수였다.

"어떻게?"

"사장님이 개인적으로 사용하는 것 말고 사업용으로 만들면 돼요. 다른 소셜 커뮤니티와 연동도 하고요."

"경수 네 의견은 어떠냐?"

"저도 모바일을 이용한 홍보나 이벤트는 중요하다고 생각해요. 그만큼 효과도 있고요. 특히 젊은 층 사이에서는요."

"꼭 젊은 층만 대상으로 하지 말고, 중년층을 위해 좀 더 간단하고 쉬운 콘셉트도 좋을 것 같아요. 회사 중역은 중년이잖아요. 그분들이 회식의 주도권을 가지고 계시니까요."

"그래, 그러면 온라인 쪽은 준수 네가 기획하고 지휘해봐."

"넵, 알겠습니다!"

본인의 아이디어를 실현할 수 있는 기회가 신났던지 준수는 척척 일을 진행해갔다. 하지만 기대하며 문을 연 모바일 마케팅은 생각보다 많은 고객을 끌어들이지 못했다. 홍 사장도 경수도 준수도 눈이 벌게지도록 모바일 마케팅에 집중했지만 별다른 성과는 없었다. 이름 있는 블로그의 성공요인도 나름대로 분석해보고, 소셜 미디어 사용법에 관련된 책도 읽었다. 그러나 해답은 다른 곳에서 찾았다. 머리도 식힐 겸 서점에 갔다가 우연히 펼쳐본 세일즈 책에서 힌트를 얻은 것이다.

"아, 그래! 고객관리 방법 자체가 문제였어! 고객관리에 대한 구체적인 틀을 잡아놓지 않고 무턱대고 도구만 만들어서 그런 거야!"

바로 책을 사와서 천천히 곱씹어 읽으며 고객관리 노하우를 익히고 실행에 돌입했다. 우선 파일부터 만들었다. 충성도가 높은 고객부터 낮은 고객순, 그리고 연령과 직업군을 나누었다. 이 파일을 직원과 공유하고 고객이 좋아하는 메뉴와 특징 등을 파악했다. 통괄적으로 준수가 관리하면서 모바일 홍보에 사용하면 좋을 듯싶었다. 고객을 파악하자 특징에 맞는 모바일 이벤트가 시작됐다.

"오늘 QR코드 들고 레드 3.0 방문하시는 선착순 3팀에게 방금 벨기에서 날아온 맥주 3병 드립니다! 레드 3.0의 행운의 3.3.3. 이벤트!"

"오늘 생일 축하 이벤트 있습니다. 오셔서 함께 축하하고 맛있는 케이크도 나눠 먹어요! 이번 달 생일이신 분이 방문하시면 안주 무조건 곱빼기로 제공!"

단골 고객에게는 고객의 생일이나 각종 기념일에 맞는 이벤트 소식을 따로 알렸다. 작은 기념품을 준비하거나 축하노래와 할인 이벤트를 했다. 각종 이벤트는 입소문을 타기 시작했다. 고객들은 레드 3.0에 가면 특별한 대접을 받는 것 같아서 좋다는 반응을 보였다.

수열의 조언대로 옆집과 메뉴 일부를 공유하기 시작했다. 옆집에 있는 메뉴를 중심으로 따로 메뉴판을 만들어두기까지 했다. 홍 사장의 '공존 전략'은 가게가 있는 골목을 활성화시키는 촉매제 역할을 했다. 골목을 '공유'하는 한 함께 잘되는 장사를 하고 싶었다. 같이 잘되기를 바라는 마음, 장사하는 사람은 다 같은 마음일 터였다. 장사를 통해 레드 3.0이 있는 골목이 지역 커뮤니티로 성장하길 바랐다.

+ + +

근처 대학에서 단체 도시락 주문이 들어왔다.
"어서 오십시오."
"도시락 30개 주문한 거 받으러 왔는데요."
"시각디자인과 연어덮밥 15개, 치킨 마요 15개 맞으시죠? 소풍 오셨어요?"
"아뇨, 저희 교수님이 오늘 날도 좋은데 바깥에서 수업한다고 하셔서요."
"와, 좋으시겠다. 좋은 날 맛있는 도시락 먹고 즐거운 수업되세요."

"네, 감사합니다. 진짜로 저희 교수님 재미있으세요. 괴짜시거든요."

"저도 한번 들어보고 싶은데요."

"오세요. 우리 교수님 안 말리실 걸요."

"하하하. 진짜요? 그럼 이따 뵙겠습니다."

농담이었지만 손님이 뜸해지자 한번 가볼까 하는 생각이 들었다. 오랜만에 대학생 분위기를 느껴보는 것도 나쁘지 않을 것 같았다. 괴짜라지만 수열이 만한 괴짜가 또 있을까 싶었다.

"공원 한 바퀴 돌고 올게!"

하늘은 푸르고, 나무도 푸르고 그 사이를 걷는 홍 사장의 마음도 한창인 나무처럼 청년 시절로 돌아간 듯했다. 걷고 있노라니 성곽 근처에서 사람들이 웃음소리가 들렸다. 학생들은 앉아 있거나 서 있었다. 자유로운 자세로 친구들과 이야기하고 있었다.

'여기가 맞나, 이게 무슨 수업이지?'

가만히 보니 아까 도시락을 받으러 왔던 학생이 눈에 띄었다. 그리고 또 한 사람, 동그란 안경을 쓴 중년 남자가 보였다. 곱슬머리와 동그란 안경이 묘하게 잘 어울렸다.

"거기, 자네는 뭐하고 있나?"

조금 떨어져 서 있던 홍 사장은 주변을 두리번거렸다. 역시나 강의에 집중하지 않고 엉뚱한 짓을 하는 학생은 어디에나 있는 모양이었다.

"자네 말이야. 연식 좀 돼 보이는 예비역, 자네!"

"저요? 저는 학생이 아니라 이 도시락을 만들어 판 사람인데요."

학생들은 홍 사장의 말에 박장대소를 했다. 환호성까지 질렀다.

"내 학생인 줄 알았더니 손님이셨구만. 그럼 질문 하나 드려도 될까요?"

"질문요?"

난생 처음 보는 사람한테 질문이라니 정말 괴짜는 괴짜인 모양이었다. 홍 사장은 교수가 어떤 질문을 할지 궁금했다.

"이 도시락 통이 마음에 드십니까?"

"이 정도면 깔끔하다고 생각합니다."

"깔끔하다라……. 저는 마음에 드는지 물어봤는데요. 질문을 제대로 이해하신 거 맞습니까?"

"마음에 드는 건 가격 대비입니다. 사실 조금 아쉬운 부분도 있습니다."

본인이 얘기하고도 깜짝 놀랐다. 어느새 뼛속까지 장사꾼이 되어 있는 자신을 발견했다. 교수는 홍 사장의 말을 듣더니 가방 속에서 펜 하나를 꺼냈다. 도시락 통에 그림인지 글씨인지 그리기 시작했다. 학생들도 숨죽이고 교수가 하는 양을 보았다. 간혹 학생들은 고개를 끄덕이거나 감탄하는 소리를 냈다.

"자, 어떻습니까?"

"와, 글씨와 그림이 추가되었을 뿐인데 한결 좋아 보여요. 저희 가게 레드 3.0의 활기와 열기가 느껴지는 것 같아요. 속에 뭐가 담겼을지 궁금해지기도 하구요."

교수의 눈썹이 위로 쓱 올라갔다.

"제가 의도한 디자인을 알아보시다니 눈썰미가 있으십니다. 어떻습니까? 이 디자인을 도시락에 응용해 보시는 게."

"좋은 디자인이지만 비용이 걱정이네요. 도시락 통에 들일 비용이라면 그보다 좋은 재료를 사서 양질의 음식을 제공하고 싶거든요."

"무료라면요?"

"네?"

"제가 학생들에게 레드 3.0의 도시락 통을 이용해 과제를 내고 싶어요. 그러면 디자인은 공짜, 우리는 현장 실습!"

"아! 그렇지만……."

"사장님, 우리 디자인 써주세요!"

학생들이 재미있는지 환호성을 질렀다. 홍 사장은 뜻밖의 제안에 가슴이 뛰었다. 머릿속은 이미 장사와 연관돼 돌아가고 있었다. 교수에게 명함을 건넸다.

"멋진 제안 감사합니다. 긍정적으로 교수님과 이야기를 나눠보고 싶어요. 한잔 드시러 오시면 더욱 좋구요. 저희 가게도 보여드리고 싶네요."

학생들의 힘찬 박수를 받으며 홍 사장은 인사를 했다. 가게로 돌아오는 길에 새로운 아이디어가 솟았다. 생각지도 못한 만남이었지만 지역 커뮤니티를 만들 방법이 떠올랐다. 품앗이할 사람들을 모아 커뮤니티를 만들고, 모바일을 이용해 기반을 형성하고, 오프라인 모임은 레드 3.0에서 이루어진다면 좋을 것 같았다.

'그래, 한번 해보자.'

서둘러 걸음을 옮겼다. 레드 3.0으로 돌아가는 발걸음이 마치 춤을 추는 듯 경쾌했다. 끊임없이 장사에 대해 생각하는 일은 우물에서 물을 길어 올리는 것과 비슷했다. 포기하지 않고 생각하면 마르지 않는 우물물처럼, 반드시 아이디어를 길어 올릴 수 있었다.

우리 가게만의
문화를 만들어라

준수까지 정직원으로 채용하자 레드 3.0에 새바람이 불었다. 2호점 준비에 박차를 가했다. 1호점에서 반응이 좋았던 메뉴를 바탕으로 도시락 사업을 본격적으로 키워볼 생각이었다. 1호점이 편하게 와서 한잔하는 분위기였다면 2호점은 도시락을 주 메뉴로 하면서 관광하러 오는 사람들을 타깃으로 즐거움과 재미를 주고 싶었다.

얼마 전 다른 가게를 돌아보다가 마음에 든 곳이 있었다. 언덕 위쪽에 자리 잡은 곳인 데다가 주변에 카페와 공방이 많아서 평일 장사로 도시락을 밀면 승산이 있을 터였다. 도시락은 관광객에게 간단한 요깃거리가 될 수 있고, 여름에는 야외 테이블에서 시원한 맥주와 함께 먹어도 좋을 것 같았다.

"곧 2호점을 오픈할 생각입니다. 1호점과 비슷하되 다른 콘셉트로 하려고 해요. 1호점은 주말 장사보다 평일 장사가 잘되지만 2호점은 관광객을 대상으로 주말 장사에 치중하려고요. 어떤 가게로 만들면 좋을까?"

"위치는 어디에요?"

"요즘 생긴 예술촌 바로 아래쪽."

"거기 사진 찍기 좋은데. 가게 앞에 포토 존 만들어도 좋을 것

같아요."

"이벤트도 자주 하고 게임도 할 수 있고, 재미있는 가게였으면 좋겠어요. 관광객은 보통 친구들이랑 많이 오잖아요. 친구들과 함께 즐거운 추억을 만들 수 있는 장소면 좋겠어요."

"직원들이 한류 드라마 주인공처럼 꾸미면 어떨까요? 얼마 전에 종영한 드라마 주인공처럼 군복이나 의사 가운 입고 서빙한다거나. 손님이 원하면 같이 사진도 찍고요."

"재미있게 장사하고 싶다 이거지? 내 생각도 그래. ==장사를 오래 계속하려면 재미있어야 하거든. 사람들이 무언가를 좋아하는 이유는 그 안에 즐거움이 있기 때문이야.== 우리 레드 3.0은 1호점 2호점 더 나아가 10호점이 생기더라도 지금처럼 즐겁게 하면 좋겠다."

홍 사장의 말에 모두 "맞아요!"를 외쳤다. 지금까지 장사를 계속할 수 있었던 진짜 이유도 재미있었기 때문이었다. 돈만 생각했더라면 중간에 위기가 왔을 때 견디지 못했을 것이다.

"앞으로 쭉 너희와 함께 가면 좋겠다! 난 레드 3.0이 단순히 돈 버는 곳 이상의 장소이길 바란다. 즐겁게 일하며 함께 성장해가는 곳을 만들어가자."

누가 먼저랄 것도 없이 박수를 쳤다. 직원들의 얼굴에서 기쁨을 느낄 수 있었다. 뱃속 깊은 곳에서부터 뜨거운 것이 치밀어 올랐다. 즐겁고 재미있는 장사야말로 간절히 바라는 것이었다.

✢ ✢ ✢

레드 3.0의 시스템은 날이 갈수록 정교하게 다듬어졌다. 오픈 30분 전에 모여 간단히 그날 장사에 대해 얘기를 나누고, 서로가 서로를 격려하는 시간을 가졌다. 한 달에 1번은 2시간 정도 미팅을 하면서 일상을 편하게 이야기하기도 하고 일을 하면서 어려운 점이나 아이디어도 의견을 나누었다. 가게에 붙이는 문구도 날이 갈수록 발전해갔다.

레드 3.0의 3대 셀프. 첫 번째, 워러! 두 번째, 부킹! 세 번째, 파킹!

가게를 들어서자마 보이는 벽에 붙어 있는 문구였다. 일부러 '워러'라고 쓴 것은 얼마 전 가게에 들렀던 삼동이의 아이디어였다. 물이라고 쓰려는 홍 사장을 보고 한마디 했던 것이다.
"형, 물이 뭐예요, 물이."
"그럼 물을 물이라고 하지 뭐라고 하냐?"
"워러~"
"뭐어?"
"3대 셀프 '워러, 부킹, 파킹!' 딱 입에 붙잖아요! '물, 부킹, 파킹' 이게 뭐예요!"

"하하. 기억하기 좋긴 하네. '워러, 부킹, 파킹!' 그나저나, 이 자식, 발음 좋다?"

"요즘 사장님이 '버러' 바른 치킨메뉴를 개발 중이시거든요. 그래서 혀가 좀 매끄러워졌죠."

문구는 손님들에게 예상 외의 인기를 끌었다. 단골손님 관리를 위한 프리미엄 회원 모집도 재미있는 문구로 표현했다.

레드 3.0의 레드 요정이 되어주세요! SNS에 인증사진 올리면 프리미엄 회원 '레드 요정'으로 승격! 요정 호수에서 퍼온 시원한 맥주 한잔도 공짜!

계산대에도 화장실에도 단순 정보 전달 문구로 딱딱하게 적어두지 않고 아이디어를 끌어내 레드 3.0만의 개성이 드러나도록 했다.

즐거움과 재미가 레드 3.0만의 문화로 단단히 자리 잡도록 문구 하나 행동 하나에도 드러나도록 했다. 그러다 보니 레드 3.0을 벤치마킹한 곳도 생겨났다. 그러나 홍 사장은 흔들리지 않았다. 겉모습을 따라 할 수 있을지는 몰라도 레드 3.0만의 문화까지 가져갈 수는 없기 때문이다.

✦✦✦

"사장님, 근처 회사에서 나들이용 도시락 주문 들어왔어요. 무려 50인 분!"

"그래? 좋아. 우리 50명 모두 우리 고객으로 확실하게 확보해보자. 어떤 서비스를 하면 좋을까? 우리 도시락을 한번 먹고 또 찾게 할 방법! 우리 가게에도 직접 찾아와보고 싶어질 방법 말이야."

경수와 진수가 한 가지씩 의견을 내놓았다.

"시원한 보리차랑 매실차를 같이 포장해보면 어때요? 생수보다 신경 쓴 것 같잖아요. 목 막힐 땐 보리차 마시고 매실차로 입가심 마무리!"

"한입에 먹을 수 있는 과일을 예쁘게 소포장 해보면 어떨까요? 상큼하게!"

"요즘 도시락 주문이 늘고 있으니까 손님이 어떤 도시락을 받으면 기쁘고 맛있을지 모두 생각해보자. 아이디어 생각나는 대로 채팅방에 올리고!"

직원과의 원활한 소통을 위해서 만든 단체 대화방은 성공이었다. 오늘 하루 솔직한 감정 표현부터 섭섭했던 점, 장사하면서 부족했던 점 등이 올라오면서 서로에 대한 이해와 친밀도가 높아졌다. 가게 운영에 도움이 될 만한 정보도 많이 올라왔다.

경수 : 저녁에 손님들 대상으로 게임 한 판 어때요?

직원들이 즐겁게 일하지 않으면
손님들은 순식간에 분위기를 알아차려.

직원의 가치를 충분히 인정하고
화합하며 함께 나아가야 해.

홍 사장: 그거 좋네. 무슨 게임?

경수: 테이블 별로 팔씨름 내기라든가, 다트도 좋고요.

준수: 단순하게 가위 바위 보 해서 이긴 사람이 진 사람에게 뿅 망치 때리기.

홍 사장: 요즘 애들은 그러고 노냐? 신선한 게임 없냐?

준수: 눈싸움 어때요?

경수: 지금 눈이 어딨냐?

준수: 아이, 누가 눈 오래 뜨고 있는지요.

경수: 이놈을 어떻게 할까요?

홍 사장: 눈 절대 깜박이지 못하게 해라.

그날 저녁은 경수의 의견을 반영해서 테이블별로 팔씨름 시합을 벌였다. 비록 안주 하나를 놓고 하는 내기였지만 손님들의 호응은 가히 열광적이었다. 누가 보기라도 했다면 국가대항 A매치 축구시합 응원이라도 하는 줄 알았을 것이다. 손님들이 즐거워하는 양을 보고 있자니 홍 사장도 흥이 났다.

상으로 내는 안주는 그동안 심혈을 기울여 만든 신 메뉴였다. 공모전 준비를 하면서 개발한 것이었다. 비록 수상에는 실패했지만 수상보다 더 큰 경험을 남겼다. 불고기, 칠리, 바삭달콤 치킨을 오는 손님마다 시식하게 한 결과 칠리와 바삭달콤 치킨이 인기가 좋았다. 정성을 들여 얻은 고객의 입맛이었다. 그만큼 자신 있는 메뉴였다.

"오늘 모든 테이블에 생맥주 한 잔씩 서비스 나갑니다!"

"와!"

손님들은 모두 함성을 지르며 박수를 쳤다. 레드 3.0에 온 손님은 작은 것 하나라도 즐거워해주었다. 이들은 오늘 하루 고군분투하며 삶의 현장에서 최선을 다하고 왔을 것이다. 치열하게 살아온 사람들이 하루의 피로를 푸는 시간이었다. 정성을 다할 수밖에 없었다. 낯선 사람들이 어우러져 함께 즐거워할 수 있는 가게! 홍 사장이 꿈꾸던 레드 3.0의 모습이었다.

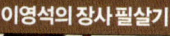

우리 가게만의 독창적인 문화를 만들어라, 그리고 전파하라!

다른 가게와의 차별화는 지속적으로 성장이 가능하도록 만드는 장사의 원동력이 된다. 고객의 취향은 변하기 때문에 정체해서는 안 되며, 끊임없는 열정과 노력이 뒤따라야 한다. 장사의 트렌드는 늘 끊임없이 변한다. 안정적으로 자리를 잡은 후에는 안주하기보다 적극적으로 공부하고 연구하라.

첫째, 목표한 수익을 넘겼을 경우 직원과 함께 나눈다
인센티브는 강력한 동기다. 직원들은 나를 대신해 돈을 벌어주는 고마운 존재다. 이익을 나누는 일은 단순히 돈을 더 주는 것만을 의미하지 않는다. 직원의 가치를 인정하고 감사해라. 정기적으로 워크숍을 가거나 장사를 시작하기 전 짧게라도 회의를 한다. 내 일터라는 소속감이 생기면 주인의 마음으로 일하게 된다.

둘째, 사소한 마케팅을 우습게보지 마라
휴대전화를 이용한 문자메시지는 손님을 귀찮게 할 수도 있지만 가게에 좋은 이미지를 가지고 있는 고객이라면 무심코 넘기지 않을 것이다. 그러니 활용하라. 날씨가 안 좋아 손님이 오지 않을 것 같은 날에 문자메시지를 날려보자. 훌륭한 날씨 마케팅 전략이 될 수 있다.

우리 가게만의 문화를 만드는 마지막 방법은 행복을 전파하는 것이다.

셋째, 직원들은 당신을 꼭 닮는다

장사를 성공적으로 하고 싶다면 사장인 자신이 항상 좋은 기분을 유지하는 것이 중요하다. 오너가 뿜어내는 높은 수준의 에너지는 직원과 매장 분위기는 물론 장사 그 자체에 큰 영향을 미친다. 장사는 머리로 하는 일이 아니다. 몸을 움직이고 행동으로 보여야 한다. 행복한 사장이 있는 가게여야 손님도 행복하게 발걸음을 옮긴다.

멀리 보되
디테일하게 실행하라!

레드 3.0은 순풍 앞에 나선 배처럼 순조로웠다. 수열과 서로 정보를 나누는 시간도 늘었다. 때마다 대빵을 만나 적절한 조언을 얻었다. 그러나 가장 기쁜 일은 주변 가게들과의 관계가 변한 것이었다. 언제 싸움을 했나 싶게 이젠 누구보다 든든한 조력자가 되어 있었다.

'처음 장사를 시작했을 땐 아득하기만 했는데.'

홍 사장은 산책을 하면서 빙긋 웃었다. 두드리는 자에게 문은 열린다더니 장사의 문을 두드려서 열고, 또 두드려서 연 기분이었다. 하루 10분도 가게 문밖을 나오지 못한 날도 있었는데 이젠 꾸준히 운동을 하는 시간도 갖고 있었다. 2호점을 오픈하면 매니저를 준수에게 맡길 생각이었다.

레드 3.0을 자기 가게처럼 생각하면서 일하는 경수와 준수 덕분에 자신은 영업과 새로운 사업 구상에 더 많은 시간을 쓸 수 있게 되었다. 그만큼 직원들에게 보상도 했다. 목표한 매출보다 초과하면 남는 수익 중 일부는 반드시 직원들을 위해 썼다. 나를 대신해 돈을 벌어주는 고마운 사람들이라는 생각을 하루도 잊지 않았다.

경수와 준수처럼 가게를 운영하고 싶어 하는 직원을 위해 '칭찬 돈'도 만들었다. 벌금제도를 유지하는 건 변함없었지만 일주일에 한 번도 지각을 안 하면 100만 원짜리 가짜 돈을 주었다. 모이는 만큼 나중에 창업 자금으로 빌려줄 생각이었다. 직원들도 잘되는 가게에서 일한다는 자부심이 생기면서 가게 분위기는 한층 밝아졌다.

이런저런 생각에 빠져 가게 근처 공원을 지나다가 레드 3.0의 도시락 통을 여러 개 발견했다. 쓰레기통이 드물게 있어서 사람들이 아무 곳에나 버리는 것 같았다. 공원을 이용하는 사람들에게 괜스레 미안해졌다.

'일회용 용기 문제를 어떻게 한다? 그렇다고 일회용을 안 쓸 수는 없고, 마트에서처럼 일회용 용기를 가져오면 100원을 돌려주면 어떨까? 아니야, 요즘 마트에서는 아예 일회용 봉투 대신 쓰레기봉투를 이용하고 있는데. 역시 직원들과 상의해봐야 하나.'

가게를 비밀스럽게 운영해선 안 돼.

밖에서도 훤히 들여다볼 수 있도록 하면
고객에게 더 가까이 다가가고
소통한다는 느낌을 줄 수 있지.

레드 3.0으로 돌아오자 기다렸다는 듯이 경수가 나왔다.

"사장님! 샌드위치가 계속 남아요. 오늘도 30개 중에 5개나 남았어요. 최근 근처에 카페가 많이 생겨서 그런 거 아닐까요?"

"그래, 나도 고민하고 있었는데 샌드위치는 좀 줄이고, 대신 덮밥 종류를 늘리든가 해야겠어."

"그나저나 공원에 우리 도시락 일회용 용기가 꽤 버려져 있더라. 그래서 말인데 마트처럼 용기를 가져오면 현금을 주거나, 도시락을 싸줄 때 아예 종량제 봉투에 담아주면 어떨까?"

"도시락 하나에 종량제 봉투 하나면 너무 손해죠. 5개 이상이나 단체 주문일 경우 종량제 봉투에 넣어줘요. 용기를 가져오면 하나당 100원 돌려주고요. 그래도 손님은 귀찮아서 버릴 테지만 폐지 줍는 분들이 모아오시면 우리 가게 용기가 너저분하게 버려져 있는 걸 줄이는 데 도움이 되지 않을까요?"

"굿 아이디어! 회의 때 다른 직원들 의견도 물어보고 괜찮다면 바로 시행하자!"

레드 3.0 내부의 문제뿐만 아니라 외부에서 일어나는 일도 장사와 연관된 일이라면 적극적으로 생각했다. 그러다 보면 더 큰 안목이 생겼다. 마음속에 장사에 대한 철학이 탄탄하게 자리 잡아가는 중이었다.

✦✦✦

"이제 들어오냐?"

"아직 안 주무셨어요?"

"너 오면 맥주나 한잔 같이 할까 해서."

"좋죠."

냉장고에서 맥주를 꺼내고 간단한 안주를 준비해서 아버지 앞에 앉았다. 아버지는 아들을 기특한 눈으로 쳐다보았다.

"2호점 준비는 잘되고? 그동안 애 많이 썼다."

"아버지 덕분이에요. 그때 아버지 가게에 나가지 않았으면 저는 이 재미를 모르고 살았을 거예요. 장사 안 했으면 어떻게 살았을까 싶어요."

"그렇게 재밌냐?"

"네. 타고난 것 같아요. 하하하."

홍 사장은 머쓱해하면서도 기분이 좋은 표정을 지었다.

"네가 좋다니까 나도 좋다만, 가끔은 더 말렸어야 하는 거 아닌가 싶을 때가 있다. 젊은 놈이 저렇게 살면 어디서 뭘 하든 성공하겠지 싶기도 하고. 그동안 복잡했던 마음이 이제는 좀 편해졌다."

"아버지 덕분에 잘하고 있는 걸요. 가끔 그런 생각해요. 사람에게 기회가 몇 번씩 온다고 하잖아요. 제가 장사를 선택한 게 아니라 딱 맞는 시간에 딱 맞는 곳에서 장사가 저를 기다리고 있었던 것 같아요."

아들을 바라보는 아버지의 눈길이 따사로웠다. 아버지와 오랜만에 이야기를 나누고 방으로 들어온 홍 사장은 창문을 활짝 열었다. 차가운 밤바람이 기분 좋게 느껴졌다. 멀리 반짝이는 별들이 보였다. 처음 장사를 할까 말까 고민하며 오일러에 갔다 돌아오던 길에 봤던 밤하늘이 떠올랐다. 별과 별 사이가 암흑처럼 캄캄하게 느껴지던 날이었다. 고개를 들자 유독 반짝이는 별이 눈에 들어왔다. 어둡던 공간에 이제는 자신도 별 하나를 쏘아 올린 것 같았다.

'아버지가 걱정돼서 시작한 장사였는데……'

시작은 그랬다. 아버지 건강이 걱정이었고, 오랫동안 살아온 동네의 터줏대감 같았던 가게가 문을 닫을지도 모른다는 것이 걱정이었다. 걱정에서 시작한 일이 도전으로 변하고 도전이 즐거움으로 바뀌는 것을 경험했다.

장사를 하면서 주변 사람에 대해 완전히 새롭게 생각하게 되었다. ==사람을 좋아하는 척, 흉내만 내서는 행복하게 장사를 할 수 없었다. 정말로 타인에게 관심을 가지고 저 사람이 원하는 게 뭔지 고민하면서 마음의 거리를 조금씩 좁혀가는 것이 중요했다.== 어느 곳보다 깨끗한 술집으로, 언제 와도 늘 웃으며 반겨주는 사람이 있는 곳으로 레드 3.0을 만들어갔다. 이것이야말로 장사를 하는 동안 지키고 싶은 '양심'이었다.

가슴에서 뿌듯한 마음이 일었다. 작은 냇물이 강물을 이뤄 바다로 흘러가듯 자신의 장사도 긴 여정이 시작된 것일 터였다. 가다 보면 돌부리도 만나고 댐도 만나고 때론 폭포를 만나기도 할 것이었다. 그러나 두려움보다 기대가 더 컸다. 무엇이 기다리고 있을지, 자신이 어떻게 헤쳐 나갈지 가벼운 흥분마저 들었다. 고개를 들고 등을 곧게 폈다. 남들이 볼 땐 빠른 시간에 성공한 것처럼 보일지도 모른다. 하지만 할 수 있는 모든 노력을 쏟아부은 결과였다.

'앞으로 3년 안에 5호점까지 늘려보자.'

처음 빚을 내서 가게를 시작했을 때는 상상도 하지 못했던 일이었다. 하지만 그 정도에서 만족할 생각은 없었다. 더 큰 사업을 해보고 싶은 포부가 생겼다. 처음엔 작은 조각배였다. 하지만 이제 자신의 배는 손수 노를 저어야 움직이는 조각배에서 일등 항해사와 전문 기술자를 두고 귀한 손님을 가득 태운 대형 크루즈로 바뀌었다. 배의 주인으로서 즐거움이 가득한 멀고 긴 항해를 책임져야 했다.

밤이 깊어가고 있었다. 이 밤이 지나면 새로운 태양이 붉게 떠오를 것이었다.

이영석의 어드바이스

장사가 잘돼서 2호점을 내거나 가게를 하나 더 여는 등 확장 기회가 오면 관리가 가능한 지역, 최대한 가까운 곳에 여는 것이 좋다. 그래야 이동이 쉽고, 관리가 가능하다. 지금 하는 곳에서 한두 블록 떨어진 곳을 염두에 두라. 다른 업종, 다른 메뉴로 분위기를 달리 해 바로 옆에 가게를 내도 괜찮다. 똑같은 상호와 메뉴로 장사를 늘려야 한다는 고정관념에서 벗어나 가능성을 열어두자.

 # 창업 1년 만에 프랜차이즈 대표 되다!

"시청자 여러분, 안녕하세요? '싱싱 정보통'입니다. 오늘은 장사와 문화가 공존하는 상인거리에 나와 있습니다. 상인거리는 상인들의 거리라는 뜻인데, 한 젊은 사업가의 이름에서 따왔다고 해요. 그 주인공인 홍상인 사장님과 함께 이곳을 걸어볼까 합니다. 홍 사장님, 안녕하세요?"

"안녕하세요. 상인거리에 오신 걸 환영합니다. 마침 좋은 날 오셨네요, 오늘이 장날이거든요."

"골목 여기저기에서 재미있는 모습들이 많이 보이는데 소개해주시겠어요?"

"큰 대로변에서 상인거리 안쪽으로 쭉 걸어오시다 보면 끝부분에 넓은 텃밭이 나옵니다. 주민들이 가꾸는 텃밭인데 이곳에서 길러지는 야채나 과일은 모두 유기농입니다. 가족이 먹는 거니까요. 특별히 장날에는 주민들이 나와 싼 가격에 야채와 과일을 팔고 있습니다."

"와! 가정에서 길러 믿고 먹을 수 있는 식재료를 이곳에서 구입할 수 있는 거네요."

"그렇습니다. 그리고 가운데 골목길을 중심으로 먹을거리를 파는 가게들과 젊은 예술가들이 운영하는 공방이 있습니다. 가죽 공방, 가구 공방, 소품이나 인형 공방 등 다른 곳에서는 볼 수 없는 특별한 물건을 이곳에서 구입할 수 있습니다. 큰길을 건너면 언덕 쪽으로 예술촌과 카페촌이 형성돼 있습니다. 이곳에서부터 천천히 보시고, 드시고, 산책하면 좋습니다. 위쪽까지 다양한 먹을거리와 볼거리, 즐길거리, 또 다양한 체험거리가 있습니다."

"이곳에 오시는 분들도 다양할 것 같은데요. 어떻게 이런 곳을 만들게 되었나요?"

"이곳에서 장사를 하면서 이 골목을 옛 시장처럼 흥과 정이 넘치는 곳으로 만들고 싶었습니다. 깨끗함과 편리함, 연대와 상생까지 갖춘 곳으로요.

가족, 연인 등 많은 관광객이 이 지역으로 오시는데요. 장사를 시작한 후 혼자일 때보다 함께일 때 시너지 효과가 더 크다는 걸 느꼈어요. 저한테 좋은 아이디어가 생겼을 때 다른 사람한테 물어봤더니 생각하지도 못했던 좋은 의견을 많이 주시더라고요. 여러 사람의 아이디어가 꼬리에 꼬리를 물어 가게가 하나둘 생기기 시작하더니 이렇게 상인거리로 발전했지요."

"앞으로 전국에 이런 곳이 많이 생기면 좋겠네요. 함께해주셔서 감사합니다!"

홍 사장과 인터뷰를 마친 리포터는 환한 얼굴로 마지막 멘트를 했다.

"제가 본 상인거리는 마치 여울물이 모여 강물이 되고, 다시 바다로 흐르듯, 시원한 물줄기처럼 느껴졌습니다. 도심 속의 흥겨운 공간! 상인거리로 발걸음을 해보시면 어떨까요?"

리포터의 마지막 말은 가슴에 물줄기가 흐르는 듯 시원했다. 장날이 생긴 지는 6개월 정도 되었다. 레드 3.0이 있는 골목에는 공방과 디자인 스튜디오까지 들어서면서 맛은 물론 문화까지 즐길 수 있는 곳으로 소문이 났다.

사람들의 발길이 이어지자 예술촌을 주도하고 있는 디자인과의 김 교수와 연계를 해서 장날을 만들자는 아이디어를 냈다. 한 달에 한 번, 장날 저녁에는 지역 주민과 상인, 예술인들이 다 함께 모여 뒤풀이를 벌였다. 그러다 보니 점차 서로의 얼굴이 익숙해지면서 인사를 하는 게 일상이 되었다.

"안녕하세요. 어르신."

"홍 사장이구만, 장사는 잘되는가?"

"덕분에 잘되고 있습니다. 어디 가세요?"

"우리 손주들이 장날 구경 와서 큼지막한 찐빵 좀 사러 나왔네."

"오랜만에 식구가 많으셔서 즐거우시겠어요."

"그러게. 장날이 좀 더 자주 있으면 좋겠네."

어르신의 호탕한 웃음소리가 사람들의 소리와 함께 퍼져나갔다. 공방에서 만들어 내놓는 창의성 넘치는 상품이 사람들의 눈과 손을 사로잡는다면 굽고 지지는 냄새, 뜨끈하고 구수한 국물 냄새와 왕찐빵, 왕만두를 만드는 하얀 김은 사람들의 코를 사로잡았다. 홍 사장은 찐빵과 만두가 가득 든 봉지를 들고 레드 3.0 1호점 안으로 들어갔다. 경수가 반갑게 맞았다.

"오셨어요? 오늘 인터뷰 잘하셨어요?"

"리포터가 잘해줘서 난 대답만 했지. 뭐."

"이야, 지금보다 더 잘되면 어떡하죠?"

"하하하. 좋지."

"참, 도시락 주문 들어온 거 보셨죠? 예술촌에서 문화 행사 있다고 주문 올라왔더라구요."

"그래, 봤다. 안 그래도 지금 3호점 가보려고, 예술촌 교수님도 한번 올라오라고 하시네."

3호점으로 올라가는 길에 벽화 앞에서 줄을 서고 있는 사람들을 보았다. 줄이 긴데도 사람들의 표정은 즐거워 보였다. 기다리면서도 사진을 찍고 손에는 간단한 간식거리를 들고 있었다. 관광객 몇 사람이 사진을 찍어달라고 부탁해서 "김치, 스마일!"을 외치며 사진을 몇 장 찍어주었다. 자주 오르락내리락 하다 보니 이제 언덕을 올라도 숨이 차지 않았다.

예술촌 대장을 맡고 있는 김 교수와 함께 예술촌 식구 몇이 예술대장간 옆 평상에서 차를 마시고 있었다. 지역 주민이 모여 수다를 떨고, 모여 앉아 음식을 나누며 술 한잔을 기울이는 곳이었다. 날씨가 따뜻할 때면 작게 잔치가 벌어지는, 모두의 사랑방이었다.

"홍 사장님! 어서 와요. 차 한잔 하세요."

"매실차네요."

"요 앞 할머니께서 직접 만든 거라고 갖다 주셨네요. 매장에 들어갈 소품 사진 찍었는데 한번 봐주시겠어요? 일단 차부터 한 잔 드시고."

"음, 너무 달지도 않으면서 개운한 게 맛이 좋네요."

홍 사장은 김 교수로부터 휴대폰을 건네받았다. 사진 속에는 이번에 오픈 할 매장에서 쓸 그릇과 소품이 들어 있었다.

"신선하고 좋습니다. 특히 푸른 색감이 아주 좋은데요."

"이번에 오픈하는 매장이 어디라고 하셨죠?"

"이태원이요. 레드 3.0의 시스템은 그대로 가져가되 이태원점만의 개성을 살려볼까 해요."

레드 3.0을 시작한 지 3년이 지났다. 직원들과 합을 맞춰 성실하게 일군 덕분에 4호점까지 착실하게 자리를 잡았다. 5호점은 다음 달에 오픈할 예정이었다.

"어서 오세요! 레드 3.0입니다!"

5호점에 들어서자마자 붉은 색 티셔츠를 입고 밝은 모습으로 인사하는 직원들이 보였다. 중앙에는 커다란 배 모양을 한 강렬한 붉은 색의 바가 있었다. 천장을 올려다보면 야광 조명을 사용한 별자리가 보였다. 5호점만의 개성을 살리되 청결한 실내와 정돈된 모습으로 레드 3.0의 특징이 그대로 나타나게 했다.

오픈 날엔 수열과 함께 갔다. 자신의 꿈을 하나씩 찾아가는 시간엔 수열과 함께 있고 싶었다. 중앙에 자리를 잡았다. 별자리를 찾아보며 시원한 맥주를 한 잔씩 마셨다.

"별자리 찾는 재미도 쏠쏠한데. 그런데 어떻게 여기에 자리가 남아 있냐? 이 자리 앉기 쉽지 않을 것 같은데"

홍 사장은 말없이 빙긋 웃기만 했다. 자신이 말하지 않아도 직원들이 알아서 비워준 것이다.

"어때? 마음에 들어?"

"좋은데. 이젠 오일러가 레드 3.0을 벤치마킹해야겠어."

수열의 말에 홍 사장의 입가가 더 크게 위로 올라갔다. 기분 좋게 건배를 권하는 수열도 홍 사장만큼이나 환한 얼굴이었다. 자신의 성공을 자기 일처럼 기뻐해주는 친구가 있다는 사실에 새삼 가슴이 뻐근했다.

　매장이 하나하나 늘어날 때마다 하늘에 별 하나를 띄우는 마음이었다. 그리고 매장에서 열심히 일하는 직원들, 즐거워하는 손님들을 생각할 때마다 별들은 반짝반짝 빛났다. 그 반짝임을 가슴에 품고 또 하나의 꿈을 향해 나아가고 있었다. 두 사람은 나란히 천장을 보았다. 별빛 가득한 레드 3.0의 문이 열렸다. 힘찬 목소리가 들렸다.

　"어서 오세요! 레드 3.0입니다. 오늘도 즐겁고 행복한 하루입니다!"

사진 출처

39쪽	T.Dallas / Shutterstock.com
53쪽	Taesik Park / Shutterstock.com
87쪽	TungCheung / Shutterstock.com
116쪽	FiledIMAGE / Shutterstock.com
123쪽	twoKim images / Shutterstock.com
200쪽	Sean Pavone / Shutterstock.com
225쪽	PeoGeo / Shutterstock.com
259쪽	Nuk2013 / Shutterstock.com
314쪽	Sanga Park / Shutterstock.com

총각네 이영석의 장사 수업

초판 1쇄 인쇄 2016년 10월 12일
초판 1쇄 발행 2016년 10월 17일

지은이 이영석
펴낸이 김선식

경영총괄 김은영
사업총괄 최창규
책임편집 봉선미 **디자인** 김희연 **크로스교정** 박지아 **책임마케터** 최혜령
콘텐츠개발1팀장 한보라 **콘텐츠개발1팀** 박지아, 봉선미, 임보윤, 김희연
마케팅본부 이주화, 정명찬, 최혜령, 양정길, 박진아, 최혜진, 김선욱, 이승민, 이수인, 김은지
경영관리팀 허대우, 권송이, 윤이경, 임해랑, 김재경
외부 스테프 스토리구성 스토리베리

펴낸곳 다산북스 **출판등록** 2005년 12월 23일 제313-2005-00277호
주소 경기도 파주시 회동길 37-14 2~4층
전화 02-702-1724(기획편집) 02-6217-1726(마케팅) 02-704-1724(경영관리)
팩스 02-703-2219 **이메일** dasanbooks@dasanbooks.com
홈페이지 www.dasanbooks.com **블로그** blog.naver.com/dasan_books
종이 한솔피엔에스 **출력·제본** 갑우

ISBN 979-11-306-1002-3 (13320)

· 책값은 뒤표지에 있습니다.
· 파본은 구입하신 서점에서 교환해드립니다.
· 이 책은 저작권법에 의하여 보호를 받는 저작물이므로 무단 전재와 복제를 금합니다.
· 이 도서의 국립중앙도서관 출판시도서목록(CIP)은 서지정보유통지원시스템 홈페이지(http://seoji.nl.go.kr)와
  국가자료공동목록시스템(http://www.nl.go.kr/kolisnet)에서 이용하실 수 있습니다. (CIP제어번호 : CIP2016024008)

다산북스(DASANBOOKS)는 독자 여러분의 책에 관한 아이디어와 원고 투고를 기쁜 마음으로 기다리고 있습니다.
책 출간을 원하는 아이디어가 있으신 분은 이메일 dasanbooks@dasanbooks.com 또는 다산북스 홈페이지 '투고원
고'란으로 간단한 개요와 취지, 연락처 등을 보내주세요. 머뭇거리지 말고 문을 두드리세요.